BIBLIOTHÈQUE

DES CHEMINS DE FER

CINQUIÈME SÉRIE

AGRICULTURE ET INDUSTRIE

Imprimerie de Ch. Lahure (ancienne maison Crapelet)
rue de Vaugirard, 9, près de l'Odéon.

LES
CHEMINS DE FER
FRANÇAIS

PAR

VICTOR BOIS

Ingénieur civil.

PARIS
LIBRAIRIE DE L. HACHETTE ET Cᵉ
RUE PIERRE-SARRAZIN, Nº 14

—

1853

AVERTISSEMENT.

Nous avons retardé jusqu'au mois d'août la publication de ce petit livre, afin de pouvoir donner les résultats de l'exploitation de 1852, dont l'exercice n'est connu que lors des assemblées générales des actionnaires. Dans la plupart des chemins de fer, ces assemblées ont lieu en avril, en mai et en juin ; quelques-uns des comptes rendus ne sont même pas encore publiés aujourd'hui, et les documents ont été pris sur les comptes manuscrits qui précèdent les rapports imprimés.

Tous les chiffres ont été puisés aux sources authentiques, et la plupart ont même été contrôlés par les directeurs ou les ingénieurs en chef des administrations les plus impor-, tantes.

Cette grande et belle industrie des chemins de fer à laquelle se rattachent tant d'intérêts publics et privés, et qui est une des richesses du pays, a pris un tel développement dans ces dernières années ; elle représente un capital si considérable, qu'il sera certainement intéressant de connaître l'origine de chaque compagnie, l'étendue de sa concession, la construction de la ligne qu'elle exploite, ses ressources dans le présent, ses espérances dans l'avenir, les résultats et les produits financiers de son exploitation dans les dernières années.

———

LES
CHEMINS DE FER
FRANÇAIS.

INTRODUCTION.

I.

Premiers essais de railways et de locomotives.

L'industrie des chemins de fer, qui représente aujourd'hui, pour la France seulement, près de deux milliards de capitaux, est d'une origine si récente, que son histoire peut être esquissée en quelques lignes.

Les chemins de fer ont commencé par être des chemins de bois. — Pour exploiter des forêts situées sur de hautes montagnes, on établissait deux longrines inclinées suivant la pente, et les arbres exploités glissaient du haut en bas comme sur des montagnes russes. — Plus tard, on a recouvert de fonte ou de fer ces bandes longitudinales.

En 1649, on se servait de ce qu'on appelait des chemins à ornières; pour le service des mines de houille de Newcastle, on les fit en bois et à ornières saillantes pour diriger le mouvement des roues; le moteur était encore le cheval.

Dès 1759, le docteur Robison, de Glascow, proposait l'emploi de la vapeur pour mettre en mouvement les roues d'un chariot : il semble donc que la première idée des locomotives à vapeur émane de l'Angleterre; mais ce n'était là qu'une idée spéculative non suivie de réalisation.

En 1767, on remplaça le bois par la fonte dans les houillères de Sheffield; les premières ornières en fonte furent des bandes plates avec un simple rebord; on s'était servi jusqu'alors de moteurs animés.

En 1769, un Français, nommé Cugnot, exécutait à Paris un chariot mis en mouvement par deux cylindres à vapeur à simple effet. C'est donc en France que la première exécution pratique a eu lieu.

En 1772, Oliver Évans proposa de substituer la vapeur aux moteurs animés pour mettre les voitures en mouvement.

En 1784, Watt prenait une patente en Angleterre pour l'application de la vapeur au mouvement des voitures ordinaires.

En 1788, on imagina de se servir du poids même des chariots pour leur faire descendre des plans inclinés; ce fut à cette époque qu'on se servit de la gravité des chariots descendants pour faire remonter une autre série de charriots, et que l'on construisit ce qu'on appelle les plans auto-moteurs.

En 1802, Trévitick et Vivian, en Angleterre, émirent la même idée que Watt; mais ce ne fut qu'en 1804, sur un chemin de fer auprès de Newcastle, que l'on vit fonctionner régulièrement les premières machines locomotives; elles étaient alors bien loin du degré de perfection relative qu'elles ont atteint aujourd'hui.

En 1805, on substitua pour les rails le fer à la fonte;

En 1808, on commença à placer au sommet des rampes des machines à vapeur fixes qui remorquèrent les wagons.

En 1810, on employa les machines locomotives d'une manière plus générale; mais ce n'est qu'en 1830, après avoir subi une série de modifications, dont les plus importantes sont dues au génie de MM. G. et R. Stephenson et de notre compatriote M. Marc Séguin, qu'elles sont parvenues à réaliser ces prodiges de force et de vitesse qui ont supprimé les distances et étonné le monde entier.

De 1810 à 1830, la principale préoccupation des ingénieurs était de chercher, par tous les moyens possibles, à faire des machines légères; cette recherche semble extraordinaire, aujourd'hui que le poids d'une machine locomotive moyenne dépasse vingt mille kilogrammes.

On était surtout embarrassé pour produire beaucoup de vapeur avec une chaudière d'une dimension restreinte. Ce fut ce qui donna lieu, en 1825, à l'invention de la chaudière tubulaire par Marc Seguin l'aîné, directeur du chemin de fer de Saint-Étienne à Lyon.

Enfin, les tubes avaient l'inconvénient de refroidir beaucoup la fumée et de rendre le tirage presque nul. MM. Stephenson, appliquant une idée française du professeur Pelletan, mirent l'échappement de vapeur dans la cheminée, de sorte que, plus il y a de vapeur dépensée pour la marche, plus il y a de tirage dans la cheminée, et par conséquent plus grande est la production de la vapeur; on est même obligé quelquefois, dans les stations, de faire marcher la machine sans remorquer des wagons, pour activer la combustion et produire de la vapeur.

En 1811, les ingénieurs craignaient de ne pas obtenir assez d'adhérence sur les rails par le seul effet du contact des roues mises en révolution par le jeu des pistons. On pensait que les roues glisseraient sur les rails.

Plusieurs combinaisons mécaniques furent essayées pour suppléer à cette insuffisance supposée, et pour éviter ce qu'on appelait le patinage.

On imagina d'abord de munir les roues de dents, engrenant avec des crémaillères établies sur toute la ligne.

En 1812, on remplaça la crémaillère par une chaîne dans les maillons de laquelle entraient les dents des roues.

En 1813, M. Brunton eut l'idée de garnir sa locomotive d'appareils ressemblant assez à des jambes et à des pieds.

Enfin, après beaucoup d'efforts tentés dans cet ordre d'idées, on reconnut, presque à cette même époque, qu'on s'était fourvoyé, que la difficulté n'existait pas, et qu'il n'y avait pas défaut d'adhérence, quand le poids de la locomotive est convenablement réparti.

Dès lors on entra dans la voie des perfectionnements réels. MM. Robert et Georges Stephenson, par une suite d'études et d'expériences qui durèrent vingt-cinq ans, produisirent les machines que nous avons vues fonctionner sur la plupart des chemins de fer.

Les études sont loin d'être achevées; et, dans ces derniers temps, Crampton est venu prouver qu'on pouvait donner aux machines une vitesse normale de vingt-deux lieues à l'heure sur les chemins à pentes ordinaires.

II.

Développements successifs de l'industrie des chemins de fer en France.

Il s'en faut bien encore que les chemins de fer, ces voies du monde moderne, soient devenus aussi multipliés que le sont les routes ordinaires. Si populaires que soient les chemins de fer, quelque éclat qu'ait eu leurs débuts, il faut dire qu'ils sont encore à l'état d'enfance; qui donc songeait chez nous aux chemins de fer il y a trente ans, en 1822, alors qu'on fondait des entreprises de messageries avec tant de confiance ?

On peut même dire qu'en 1825 nous n'avions pas en France un kilomètre de chemin de fer, car il n'y a pas lieu de tenir compte de quelques chemins souterrains, placés dans certaines mines pour les besoins de l'exploitation.

Dès le commencement du siècle, les Anglais avaient établi un chemin de fer à une seule voie aux environs des mines de New-castle. Il marchait avec des chevaux, et avait coûté 140 000 fr. la lieue, 35 000 fr. le kilomètre.

Ils avaient construit ensuite, toujours à une seule voie, mais avec des rails plus lourds, le chemin de Darlington à Stockton. Ce chemin a reçu depuis une seconde voie; mais primitivement, et avant la construction de la seconde voie, il avait coûté 328 000 fr. la lieue, 82 000 le kilomètre.

Enfin, en 1830, nous eûmes en France un chemin de fer, celui de Saint-Étienne à Androzieux (ou à la Loire), dont l'étendue est de 20 kilomètres. Il a coûté 100 000 fr. le kilomètre. Le moteur, à l'origine, était le cheval.

Notre second chemin de fer date de 1832. C'est le chemin de fer de Saint-Étienne à Lyon (ou au Rhône). Il a 56 kilomètres et a coûté 250 000 fr. par kilomètre. Il est vrai qu'on a été obligé de creuser sur son parcours plusieurs souterrains formant une longueur totale de 1500 mètres. Ces dépenses imprévues, ou incomplètement prévues, ont promptement absorbé les ressources de la compagnie, qui ne s'élevaient qu'à 11 millions; mais elle a suppléé à leur insuffisance au moyen d'emprunts et de l'application de ses bénéfices pendant plusieurs années.

Ces deux chemins étaient d'abord destinés à transporter le charbon ; leurs cahiers des charges ne comprennent même pas de tarif pour le service des voyageurs.

Viennent ensuite, dans l'ordre des dates :

1° Le chemin de fer de Saint-Germain, dû à l'énergique activité de M. Émile Pereire. La loi qui en a autorisé la construction est du 9 juillet 1835. L'inauguration est du 24 août 1837.

2° Le chemin de fer de Mulhouse à Thann, de 21 kilomètres, dont l'inauguration date du 16 octobre 1839.

3° Les deux chemins de Paris à Versailles, rive droite et rive gauche, inaugurés, l'un en 1839, l'autre en 1840; la rive droite a 22 kilomètres, la rive gauche 17 kilom. 500 mètres. Ces deux chemins sont réunis maintenant au chemin de fer de l'ouest.

4° Le chemin de fer de Strasbourg à Bâle, de 141 kilomètres, concédé à MM. Kœchlin frères en vertu d'une loi du 6 mars 1838, exécuté par deux ingénieurs des ponts et chaussées, MM. Bazaine et Chaperon, et ouvert à la circulation par sections détachées; savoir : la section de Bonfeld à Colmar, le 18 octobre 1840; celle de Mulhouse à Saint-Louis, le 25 octobre 1840; celle de Kœnigshoffen à Benfeld, le 1er mai 1841, et, enfin, celle de Colmar à Mulhouse, le 15 août 1841.

5° Le 20 septembre 1840, on inaugura le chemin de fer de Paris à Corbeil, de 31 kilomètres; puis celui de Montpellier à Cette, de 27 kilomètres.

On le voit, jusqu'à cette époque l'établissement des chemins de fer en France est lente et tourne dans un cercle très-étroit.

Les chemins de Saint-Étienne entre le Rhône et la Loire étaient purement miniers. On savait que l'origine des chemins de fer datait, en Angleterre, de l'exploitation des houillères, et on avait voulu que la France eût aussi un chemin pour le service de son principal bassin houiller.

Le chemin de Saint-Germain, et peu après les deux chemins de Versailles, furent considérés comme des spécimens offerts à la curiosité des Parisiens, de nouvelles montagnes russes pour leur récréation du dimanche.

Ce n'étaient là que des essais partiels, des tàtonnements. L'industrie des chemins de fer n'était pas encore née; elle ne commença à prendre un peu d'essor en France qu'en 1843. L'Angleterre était déjà couverte, à cette époque, de chemins de fer; la Belgique avait commencé son grand réseau depuis 1835, et l'Allemagne la suivait d'un pas égal. On comprit alors que tous les peuples nous devançaient, et que notre industrie allait recevoir un coup mortel si l'on ne se mettait à l'œuvre avec énergie. Sous la pression de cette sorte de nécessité, nous apprîmes enfin à associer les capitaux, et à créer ainsi des ressources sans lesquelles ces colossales entreprises ne peuvent être abordées. La compagnie d'Orléans, fondée infructueusement en 1838, se reconstitua en 1840 avec une garantie d'intérêt du trésor, et l'inauguration du chemin eut lieu le 2 mai 1843 sur un parcours de 122 kilomètres; des ruines de la compagnie de Paris au Havre sortit, en 1840, la compagnie de Rouen, avec un prêt de l'État; l'inauguration eut lieu le 23 mai 1843 sur un parcours de 137 kilomètres. Cet effort épuisa tout ce que l'industrie avait alors de ressources, et ce ne fut que plus tard, après le vote de la loi du 11 juin 1842, qui associa les forces du crédit public et celles de l'industrie privée, que l'on put se mettre sérieusement à l'œuvre. Les chemins d'Avignon à Marseille, du Havre, et deux ans après, ceux du Centre, de Boulogne, du Nord, de Bordeaux, de Nantes, de Montereau, de Strasbourg, de Lyon, etc., furent les résultats de cette association, imparfaite sans doute à sa naissance, mais assurément féconde, et qu'il a été facile de fortifier en la rectifiant en 1852.

Aujourd'hui nous sommes bien loin du point de départ, de cette année 1842, qui croyait avoir obtenu un si grand résultat lors du vote de la loi du 11 juin. On ne discute plus aujourd'hui pour savoir si l'on se bornera à couper la France par deux lignes en croix, l'une du nord au midi, de l'Océan à la Méditerranée, l'autre de l'est à l'ouest. Les réseaux se croisent, s'enchevêtrent, se prêtant la main les uns aux autres. On recherche les lignes directes. Si une grande ville de France est desservie par deux chemins formant entre eux un angle, on cherche la diagonale, on l'adopte. Les grandes villes auront leur rayonnement comme Paris, et seront desservies par deux, par trois, par quatre côtés. Tels sont les projets actuels; et ce ne sont pas seulement des projets, c'est l'exécution même qui démontre que la France ne veut pas rester en arrière des pays qui l'environnent et qui la poussent dans cette nouvelle voie.

III.

Etat des chemins de fer en 1853.

Nous devions donner cet aperçu sommaire avant d'entrer dans les détails, en raison de l'intérêt qui se porte naturellement sur l'origine d'une industrie qui a pris dans ces dernières années de si grands développements, qui procure à l'Angleterre près d'un demi-milliard de bénéfice annuel, et qui tend de plus en plus à se généraliser en France. On sera effrayé si l'on songe que les demandes de concessions nouvelles atteignent le chiffre de près de deux milliards. Il est évident qu'un grand nombre de ces demandes ne méritent pas seulement l'attention du gouvernement, et que les autres ne doivent être accordées que dans la mesure des forces du crédit public; car les capitaux disponibles ne sont pas indéfinis, et il faut proportionner l'importance des concessions aux ressources, afin que les entreprises antérieures ne puissent jamais être arrêtées ou gênées par les affaires nouvelles.

Voyons donc ce qu'on a fait en 1852.

On a ouvert :

Le 19 juin, l'embranchement de Commercy à Frouard sur... 50 kilom.

Le 15 août, de Nancy à Sarrebourg................ 79

Le 5 octobre, de Bordeaux à Angoulême........... 33

Le 6 septembre, de Chartres à la Loupe........... 36

Le 14 novembre, de Metz à Forbach.............. 69

Ensemble.................... 267 kilom.

dans lesquels on remarque que la ligne de Paris à Strasbourg est représentée par 198 kilomètres.

On a concédé

A des compagnies existantes, savoir :

1° à la compagnie fusionnée d'Orléans et ses prolongements :

Les lignes de Châteauroux à Limoges,

Les lignes du Bec d'Allier à Clermont, avec embranchement de
Saint-Germain des Fossés à Roanne,
» de Poitiers à la Rochelle et à Rochefort.

2° à la compagnie du nord :

La ligne de Saint-Quentin à Maubeuge,
La jonction de Maubeuge à Valenciennes par le Cateau,
La ligne de Saint-Quentin à celle de Strasbourg,
L'embranchement de Noyelle à Saint-Valery.

3° A la compagnie de Strasbourg :

L'embranchement de Metz à Thionville,
» de la Fère à Reims,
» de Strasbourg à Wissembourg.

4° A la compagnie de Saint-Germain.

L'embranchement de Passy et d'Auteuil.

En second lieu, on a concédé à des compagnies spéciales, qui se
sont déjà fusionnées ou qui se fusionneront :

> Paris à Lyon,
> Lyon à Avignon,
> Blesmes et Saint-Dizier à Gray,
> Dijon à Besançon, avec embranchement sur Gray,
> Dôle à Salins,
> Bordeaux à Cette et à Bayonne,
> Narbonne à Perpignan,
> Paris à Caen et à Cherbourg,
> Caen à Alençon et au Mans,
> Rognac à Aix,
> Marseille à Toulon,
> Provins aux Ormes,
> Graissessac à Béziers.

En 1853, on a concédé le chemin du centre de la France dit le
grand central, et le chemin de Lyon à la frontière suisse.

Ces diverses concessions représentent un capital d'environ huit
cents millions ; mais l'exécution n'en sera faite qu'en sept ou huit
ans, et l'on peut affirmer qu'à moins d'événements les forces du pays
sont loin d'être dépassées pour l'accomplissement de cette tâche, et

que tous les engagements pris peuvent être facilement remplis par les capitaux disponibles.

Quand ces travaux seront achevés, nous serons en possession d'environ 6000 kilomètres de chemin de fer, pour l'établissement desquels nous aurons dépensé deux milliards.

Si nous comparons ces chiffres à ceux des autres pays, nous voyons que l'Angleterre possède un développement de 11100 kilomètres qui a coûté six milliards; que les États-Unis possèdent 12000 kilomètres, qui leur ont coûté un milliard et demi seulement. Et si l'on recherche le prix du kilomètre dans ces trois pays, on trouve que :

Aux États-Unis, le kilomètre revient ....à 125 000 fr.
En France.......................................à 333 333
En Angleterre..................................à 540 540

Ces différences sont faciles à expliquer :

Aux États-Unis, les tracés sont faits avec des rampes assez considérables et avec des courbes à faible rayon.

En France, et encore plus en Angleterre, on évite les rampes et l'on adopte pour les courbes des rayons beaucoup plus grands. Par suite de ces dispositions, on comprend que les terrassements et les travaux d'art sont beaucoup moindres aux États-Unis que dans les deux autres pays. Nous sommes placés à peu près entre les deux : nous n'avons pas poussé jusqu'à l'exagération la qualité qu'on recherche particulièrement en Angleterre, et nous n'avons pas été imprudents comme on l'est aux Etats-Unis. Et, il faut le dire, si la question des tracés économiques présente de grands avantages dans le présent, elle expose dans l'avenir à des déceptions sérieuses : les fortes pentes et les faibles rayons de courbure ont pour effets principaux, d'abord de rendre l'exploitation plus coûteuse, soit en nécessitant de plus fortes machines dépensant plus de combustible pour franchir les rampes, soit en détériorant le matériel au passage dans les courbes ; enfin les chances d'accidents sont beaucoup augmentées par suite des deux dispositions que nous venons de signaler. Si nous examinions les chemins de fer au point de vue technique, nous exprimerions l'avis que dans beaucoup de cas on devrait prescrire les grandes pentes et les faibles rayons de courbure en adoptant le système que M. Arnoux a appliqué avec tant de succès au chemin de fer de Sceaux.

Nous allons maintenant donner quelques détails spéciaux sur les principales lignes existant en France au commencement de 1853. Quoiqu'inachevé, notre réseau de chemins de fer présente déjà un développement magnifique. Paris est relié avec l'Angleterre et l'Amérique par les lignes de Rouen et du Havre, prolongées sur Dieppe; avec l'Angleterre, la Belgique, la Prusse et les États du Nord, par le chemin du Nord et ses divers embranchements sur Boulogne, Calais et Dunkerque; avec l'Allemagne centrale et méridionale et avec la Suisse, par la ligne de Strasbourg et par celle de Bâle; avec l'Océan, par le chemin de Nantes, et bientôt par ceux de Bordeaux, de La Rochelle et de Rochefort; la communication avec la Méditerranée sera seule interrompue par la lacune de Châlons à Avignon, qui ne peut être comblée avant 1856. La grande ligne du centre s'étend déjà jusqu'à Moulins, et va être prolongée sur Clermont-Ferrand, sur Roanne et sur Limoges en partant de Châteauroux. Une compagnie est à l'œuvre pour relier, par Bordeaux et Cette, l'Océan à la Méditerranée, et par Perpignan et Bayonne, la France avec l'Espagne. Enfin un chemin de ceinture autour de Paris va mettre prochainement en communication directe et immédiate tous les chemins français entr'eux, réduire les frais de transit d'une ligne sur l'autre, et permettre de disposer dans un moment donné du matériel de transport et de locomotion de tous les chemins de fer pour porter, en vingt-quatre heures, à la frontière une armée de 100 000 hommes, avec son artillerie, ses munitions, ses bagages et ses approvisionnements.

LIGNES DU NORD-OUEST.

Les diverses lignes du Nord-ouest sont : 1° les chemins de fer de Rouen, du Havre et de Dieppe, concédés à des compagnies distinctes, mais exploitées en commun, et que, pour ce motif, nous réunissons en un même groupe, 2° les chemins de fer de Caen et de Cherbourg; 3° les embranchements de Mézidon au Mans et de Serquigny à Tourville.

I.

CHEMIN DE FER DE ROUEN, DU HAVRE ET DE DIEPPE.

Le siége de l'exploitation commune à ces trois chemins est rue d'Amsterdam, 11, à Paris.

1° Chemin de fer de Paris à Rouen.

(128 kilomètres.)

Concédé le 15 juillet 1840, inauguré le 3 mai 1843; expiration de la concession le 15 juillet 1939.

CONSEIL D'ADMINISTRATION.

MM. DE L'ESPÉE, O. ✳, président, passage Sandrié, 7.
LAFFITTE (Ch.), ✳, place de la Concorde, 6.
SIMONS (E.), ✳, rue Saint-Honoré, 374.
BLOUNT, ✳, rue Basse du Rempart, 48 bis.
DE KERSAINT, (Comte Charles), ✳, rue d'Aguesseau, 15.
BENOIST D'AZY (Paul), rue St-Dominique, 67.
DUCHATEL (N.), C. ✳, rue de l'Université, 17.
REED (William), à Londres.

EASTHOPE (John), à Londres.
LAWRENGE (G.), à Liverpool.
CHAPLIN (W.) à Londres.
MOSS (John), à Liverpool.

MM. THIBAUDEAU (Ad.), ✻, Secrétaire de la Compagnie, rue Caumartin, 3.
COINDARD, Chef du Bureau du Secrétariat.

———

La construction du chemin de Rouen, entreprise au commencement de 1841, était terminée en avril 1843. Cette rapidité d'exécution est d'autant plus remarquable qu'il a fallu percer

Le tunnel de Rolleboise, qui a 2625 mètres;

Celui du Roule, de 1741 mètres;

De Venable, de 399 mètres;

De Tourville, de 501 mètres, et construire les ponts de Bezons, de Maisons, du Manoir, et les deux ponts d'Oissel.

Le point culminant de la montagne au-dessus de chaque tunnel est de.......... 82 mètres pour Rolleboise,

                    59   »   pour Villiers,

                    23   »   pour Venable,

                    30   »   pour Tourville.

La largeur du chemin sur toute la ligne est de 10 mètres; l'écartement des rails est de 1,44; les entre-voies, 1,80. La différence de niveau de Paris à Rouen est de 27 mètres 75 centimètres.

Le capital est de 68 000 000 fr.

La dépense de la construction, au 31 décembre 1852, s'élevait à 67 389 827 fr. 45 cent.

Le nombre des kilomètres exécutés étant de 128 [1], le prix du kilomètre se trouve porté à la somme de 526.450 fr.

La compagnie de Rouen a droit au parcours sur le chemin de Saint-Germain de Paris à Colombes, et à l'usage en commun de la gare des voyageurs, moyennant une redevance déterminée.

———

1. La distance de Paris à Rouen est de 137 kilomètres, mais le chemin de Rouen fait usage du railway de Saint-Germain dans le parcours entre Paris et Colombes.

Le nombre des voyageurs pendant le second semestre
de 1851 avait été de................................. 551 748

Il a été, pendant le second semestre de 1852, de.. 564 351

Différence en plus....... 12 583

Pour les marchandises (service de la petite vitesse) :

Deuxième semestre de 1851................ 151 519 tonnes

Idem de 1852............................. 175 400

Différence en plus....... 23.881 tonnes

Les recettes totales ont été les suivantes :

En 1844...................... 6 475 001 fr. 15 c.

1845...................... 7 321 768   16

846...................... 8 355 698   11 c.

1847...................... 10 032 699   83

1848...................... 6 657 566   18

1849...................... 8 247 565   29

1850...................... 9 105 704   65

1851...................... 9 063 052   08

Premier semestre 1852   4 575 741 fr. 88 c.

Second semestre 1852   5 573 718   52

Ensemble pour l'année 1852............ 10 149 460   40

On voit que les recettes ont toujours progressé jusqu'en 1848. A
cette époque, les dégâts qui ont été commis sur les chemins, et notamment l'incendie des ponts d'Asnières, de Bezons et de Maisons-
Laffitte, ont interrompu le service pendant plusieurs mois et fait
baisser les recettes, qui ont dépassé aujourd'hui le maximum
qu'elles avaient atteint précédemment.

Les recettes ont été, dans le deuxième semestre 1852, de...................... 5 573 718 fr. 52 c.

Et les charges et dépenses de l'exploitation de 3 299 699   54

Le bénéfice est donc de.......... 2 274 018 fr. 98 c.

Prélèvements à déduire.............. 184 651 fr. 89 c.

Reste...................... 2 089 367 fr. 09 c.

Solde du dernier exercice.............. 2 855   74

Total........... 2 092 222 fr. 83 c.

Soit 29 fr. par action pour six mois.

Le dividende le plus faible par an, non compris la première

année d'exploitation, a été de 25 fr. en 1848; le plus fort a été de 51 fr. 40 c. en 1847; depuis 1850 il s'est relevé à 42 fr. Il a été de 50 fr. en 1852.

La ligne de Rouen ouvre aux produits agricoles et industriels des riches départements qu'elle traverse de rapides débouchés.

Les principales sources de son trafic sont :

A Poissy, les bestiaux qu'on y dirige chaque semaine de tous les points de la Normandie pour les marchés destinés à l'approvisionnement de Paris ;

A Triel, les plâtres;

A Meulan, Épône, Mantes, Rosny, les riches pâturages de leurs environs, qui produisent chaque jour pour l'alimentation de la capitale 45 000 kilogrammes du lait le plus estimé;

A Bonnières, Vernon et Gaillon, les zincs des usines de la Vieille Montagne et les cuivres de Dangu ; les grains, les farines et les fruits que le marché de Londres dispute à celui de Paris;

A Pont de l'Arche et à Saint-Pierre, les draps d'Elbeuf et de Louviers et les cuivres des usines de Romilly,

A Rouen, les cotons filés, les produits chimiques; les rouenneries et les tissus de coton fabriqués dans ses nombreuses usines; les vins, les bois de construction, les granits, les métaux, les savons et les suifs que le cabotage amène dans son port, aujourd'hui très-florissant.

2° Chemin de Fer de Rouen au Havre.
(92 kilomètres.)

Concédé le 11 juin 1842, inauguré le 21 mars 1847; expiration de la concession le 15 juillet 1939.

CONSEIL D'ADMINISTRATION.

MM. LAFFITTE (Ch.), ✳, président.

BLOUNT (E.), ✳.

D'ALTON-SHÉE (comte), rue de l'Arcade, 68.

DAILLY (A), ✳, rue Saint-Lazare, 102.
REED (William), à Londres.
EASTHOPE (John), à Londres.
CHAPLIN (William), à Londres.
MOSS (Th.), à Liverpool.
LAWRENCE (G.), à Liverpool.

M. THIBAUDEAU (Ad.), ✳, conseil de la Compagnie.

———

Cette ligne se détache du chemin de Rouen aux ateliers de Sotteville-lès-Rouen, traverse la Seine sur un pont en charpente de 8 arches, ayant chacune 40 mètres d'ouverture. Quelques-unes des piles sont fondées à 12 mètres en contre-bas des marées ordinaires. Le tunnel du mont Sainte Catherine a une longueur de 1053 mètres; le point culminant de la montagne au-dessus de ce tunnel est de 131 mètres. Les tunnels Beauvoisine, Saint-Maur et du mont Riboudet, percés sous les faubourgs et les boulevards de Rouen, ont une longueur totale de 3072 mètres. Parmi les travaux d'art, ont remarque le pont biais de Malaunay, qui a 4 arches; le viaduc de Malaunay, d'une hauteur de 26 mètres et qui a 8 arches; le tunnel de Malaunay, de 2200 mètres de longueur, et surtout les viaducs de Barentin et de Mirville. Le viaduc de Barentin a 484 mètres de longueur, 32 mètres de hauteur et 27 arcades, il présente une courbe de 940 mètres de rayon; le viaduc de Mirville a 520 mètres de longueur et 18 arcades, sa hauteur est de 33 mètres.

Le capital est de 59 000 000 fr., y compris 8 millions provenant d'une subvention de l'État. La dépense de construction, au 28 février 1853, était de 58 259 603 fr. 30 cent. Le prix d'établissement s'élève donc, pour 95 kilomètres, à 632 600 fr. par kilomètre.

Le mouvement des voyageurs a été :

Du 1er mars 1852 au 31 août 1852 (1er semestre).. 344 403 voy.
Du 1er sept. 1852 au 28 février 1853 (2e semestre). 284 905
——————
629 308

Le transport des bagages pour les diverses périodes a été :

1850-1851	822 320 kilog.
1851-1852	862 356

Le transport des marchandises, du 1er mars 1852 au 31 août 1852 (1er semestre), a été de . . . . 152 470 tonnes.

Du 1er septembre 1852 au 28 février 1853 (2e semestre) 170 533

Ensemble pour l'année . . . . 324 003 tonnes.

L'ensemble des recettes a été :

En 1847 de	3 464 399 fr. 85 c.
1848	2 672 754	57
1849	3 446 857	81
1850	3 648 742	70
1851	3 624 649	44
1852	4 107 424	61

Les recettes du dernier semestre, suivant l'arrêté de compte du 28 février 1852, ont été de.   2 023 330 fr. 06 c.

Les dépenses, y compris les charges, de. . .   1 620 802   64

Bénéfice . . . .   402 527 fr. 42 c.

Soit un dividende de 10 fr. par action pour six mois.

La ligne du Havre reçoit les produits des industrieuses vallées de de Maromme, Malaunay et Barentin, les produits agricoles et manufacturés d'Yvetot, les mouchoirs et les indiennes de Bolbec, les bois du nord et les salaisons de Fécamp.

Elle met Paris en communication directe avec le port du Havre, l'un de nos plus vastes entrepôts de denrées coloniales, et centre d'une prodigieuse activité commerciale.

Elle donne chaque année passage à un nombre considérable d'émigrants, dont le chiffre s'est élevé en 1852 à 42 000, ainsi qu'aux voyageurs et aux marchandises qui partent du port du Havre ou qui y arrivent par les navires de tous les pays du monde.

Des services réguliers de paquebots à vapeur sont organisés entre le Havre et Honfleur, Trouville (les Bains), Caen, Isigny, Morlaix, Cherbourg, Southampton, Londres, Liverpool, Hambourg, Rotterdam, New-York, etc.

3° Chemin de fer de Dieppe et de Fécamp.
(61 kilomètres.)

Concédé le 18 septembre 1845, inauguré le 29 juillet 1848 ; expiration de la concession le 15 juillet 1939.

CONSEIL D'ADMINISTRATION.

MM. D'ALTON-SHÉE, président, rue de l'Arcade, 68.
    CRÉTU, O. ✳, rue de Berlin, 6.
    BARBET, C. ✳, à Rouen.
    DAILLY, ✳.
    OSMONT, rue d'Amsterdam, 50.
    CAPPERON, rue Grenelle Saint-Germain, 24.
    DE SAINT-ALBIN, ✳, rue Taitbout, 95.
    BLOUNT (Ed.), ✳.
M. THIBAUDEAU (Ad.), ✳, conseil de la Compagnie.

———

Cette compagnie comprend à la fois l'embranchement de Dieppe, qui est en exploitation, et l'embranchement de Fécamp, qui est resté à l'état de projet. Celui de Dieppe, partant de Malaunay, a 51 kilomètres ; celui de Fécamp, partant de Mirville, doit avoir 20 kilomètres.

La concession date du 18 septembre 1845 ; le terme en est fixé au 15 juillet 1949, comme pour les chemins de fer de Rouen et du Havre.

Le chemin de Dieppe n'a qu'une voie.

A Clères, il passe sur un remblai de 21 mètres de hauteur ; il parcourt sur une distance de 3 kilomètres et demi, une rampe de 0,01 pour mètre, traverse la côte du Petit-Appeville au moyen d'un tunnel qui a 1680 mètres de longueur, et arrive à Dieppe au niveau du quai, après avoir, dans le parcours de Malaunay à Dieppe, traversé la rivière de la Scie sur 22 ponts.

La compagnie a passé avec la compagnie de Rouen un traité qui a été approuvé par l'assemblée générale le 8 février 1851, par lequel elle a confié à la compagnie de Rouen l'exploitation de la ligne de Dieppe pour 8 années, à partir du 1er avril 1851, moyennant le payement fixe d'une somme annuelle de 8 fr. par action , et l'éventualité de $\frac{1}{10}$ dans l'excédant du dividende , attribué aux actionnaires de la compagnie de Rouen, après 45 fr. distribués par action.

Par suite de ce traité, il n'y a pas lieu de rendre compte de l'exploitation de la ligne de Dieppe.

Le montant des dépenses du compte de la construction et de l'établissement s'élevait, au 31 mars 1853 , à..   14 234 316 fr. 24 c.

Le capital appelé est de.................   14 400 000 fr. » c.

Et le prix d'établissement par kilomètre est de.   279 104 fr.

La ligne de Dieppe a son point de départ sur la ligne du Havre, à Malaunay, au cœur même de l'industrie manufacturière qui alimente le commerce de Rouen.

A la faveur de cette voie nouvelle, qui met Paris à quatre heures de Dieppe, et Londres à douze heures de Paris, les affaires du port de Dieppe ont pris depuis quelques années un accroissement considérable. Les charbons, les vins, les bois du nord, le sel, affluent dans ses bassins. Dieppe expédie également sur le marché de Paris des quantités importantes d'huîtres et de marée fraîche.

L'établissement de communications rapides entre la France et l'Angleterre au moyen des paquebots réguliers de Dieppe à Newhaven (Brighton) attire un grand nombre de passagers par cette voie.

Dieppe est aussi chaque année, pendant la belle saison, le rendez-vous d'une population d'élite, qui vient, des deux côtés du détroit, prendre ses bains justement renommés.

EXPLOITATION GÉNÉRALE DES TROIS LIGNES DE ROUEN, DU HAVRE, ET DE DIEPPE.

MM. DE LA PEYRIÈRE, ✻ , chef de l'exploitation.

LECLERC, ✻ , inspecteur général du service.

THOYOT, ✻ , Ingénieur en chef.

CROLLAT, agent commercial.

FÉROT, chef du mouvement.

GAUTIER, chef du contentieux.

DE THOMASSIN, chef du contrôle.

BOUCHE, chef de la comptabilité générale et des actions.

MM. BUDDICOM, ✻ , Entrepreneur de la traction.

BRASSEY, Entrepreneur de l'entretien de la voie.

II.

CHEMIN DE FER DE CAEN ET CHERBOURG.

(317 kilomètres.)

Concédé le 8 juillet 1852, durée de la concession quatre-vingt-dix-neuf ans.

Le siége de l'administration est rue d'Amsterdam, 11, à Paris.

CONSEIL D'ADMINISTRATION.

MM. DE CHASSELOUP-LAUBAT (Prosper), président, C. ✻, rue de la Bienfaisance, 11.

DE KERSAINT (Comte), ✻, rue d'Aguesseau, 16.

DENYS BENOIST D'AZY (Vicomte), ✻, rue de Grenelle-Saint-Germain, 86.

SIMONS, rue Saint-Honoré, 374.

BLOUNT, ✻, rue Basse-du-Rempart, 18 bis.

NAPOLÉON DUCHATEL (Vicomte), C. ✻, rue de l'Université, 17.

DE L'ESPÉE (Henri), passage Sandrié, 7.

W. REED, à Londres.

Sir JOHN EASTHOPE, à Londres.

TH. MOSS, à Liverpool.

W. CHAPLIN, à Londres.

G. LAWRENCE, à Liverpool.

CONSTRUCTION.

MM. LOCKE, ingénieur en chef.

NEWMANN, ingénieur principal.

PETO, BETTS et BRASSEY, entrepreneurs.

La ligne de Paris à Cherbourg se compose de deux sections distinctes : l'une de Paris à Caen, l'autre de Caen à Cherbourg.

Pour la première section, le tracé emprunte le chemin de fer de Paris à Rouen jusqu'à Mantes ; de là il se dirige sur Caen par

Évreux, Conches, Serquigny, Bernay et Lisieux. Ce tracé avait reçu l'assentiment des pouvoirs publics en 1845, 1846 et 1851. Il respecte les droits acquis, il est le plus direct, il pourvoit le mieux à la défense des côtes en établissant une communication rapide de Cherbourg à Caen, à Honfleur, à Rouen et au Havre.

Le tracé de la seconde section n'est pas arrêté d'une manière définitive; trois projets ont été étudiés : l'un par Bayeux à Isigny, un autre par Saint-Lô, un troisième intermédiaire.

Les dépenses à faire pour l'établissement de ce chemin sont évaluées :

Entre Mantes et Caen à...............	52 000 000
Entre Caen et Cherbourg à...........	32 500 000
	84 500 000 fr.,

les terrains étant acquis et les travaux d'art exécutés pour deux voies, les terrassements préparés et les rails posés sur une voie seulement, avec l'obligation d'établir une seconde voie lorsque le gouvernement le croira nécessaire à la circulation.

Le produit du chemin est évalué entre Paris et Caen à 28 000 fr. par kilomètre ou à 5 236 000 fr.; entre Caen et Cherbourg, à 13 000 fr. par kilomètre, ou à 1 690 000 fr.

Le produit brut total serait, en conséquence, de 6 926.000 fr., et le produit net pourra être évalué à environ 2 745 800 fr., déduction faite des dépenses d'exploitation et des charges.

Pour la première section, l'État donne à la compagnie concessionnaire une subvention de 16 millions. Il s'engage à garantir l'intérêt à 4 pour 100, et l'amortissement en cinquante ans d'une somme de 14 400 000 fr., qui serait empruntée par la compagnie. Enfin, il s'engage à garantir, pendant cinquante ans, un intérêt de 4 pour 100 sur une somme de 21 600 000 fr.

Pour la seconde section, le chemin sera exécuté dans les conditions de la loi de 1842; l'État se chargeant de l'achat des terrains, des ouvrages d'art, des stations, des ateliers et des maisons de gardes, la compagnie restera seulement chargée de la pose de la voie de fer et de l'établissement du matériel mobilier et immobilier.

Pour lui faciliter la réalisation de ressources suffisantes, l'État garantit l'intérêt à 4 pour 100, et l'amortissement en cinquante ans, d'une somme égale aux deux tiers de la dépense, qui serait empruntée par la compagnie. Enfin, il garantit pendant cinquante ans un intérêt de 4 pour 100 sur les 3/5ᵉˢ de la somme restant à dépenser.

III.

EMBRANCHEMENT DE MEZIDON AU MANS ET DE SERQUIGNY A TOURVILLE.

Le tracé de l'embranchement de Mezidon au Mans est conforme aux tracés arrêtés en 1846. Il passe à Séez, Argentan et Alençon. Le gouvernement s'est seulement réservé de déterminer le point auquel il se raccordera avec le chemin de Rennes, après l'exécution de cette grande ligne entre le Mans et Angers.

Les frais de construction de ce chemin à une seule voie sont évalués à 34 millions. Ce chemin a été concédé à la compagnie de l'Ouest, et sera exploité comme une annexe de la ligne de Paris à Rennes, et nous l'eussions placé dans le groupe de l'Ouest s'il ne se rattachait pas aussi intimement à la ligne de Caen et Cherbourg.

Quant à l'embranchement de Serquigny à Tourville, aucune concession n'est faite; il est seulement décidé en principe, et sa concession sera l'objet de propositions ultérieures.

Pour ces trois chemins de fer, les localités ont voté des subventions qui s'élèvent à 3 500 000 fr. pour le chemin de Paris à Cherbourg, et à 3 millions pour le chemin de Serquigny à Tourville.

Ainsi le chemin de Paris à Cherbourg, s'embranchant sur le chemin de Paris à Rouen, en amont des souterrains de Rolleboise, desservira Evreux, Conches, Serquigny, Bernay, Lisieux et Mezidon; il arrivera à Caen, et se dirigera de Caen sur Cherbourg

L'embranchement de Mezidon sur le Mans desservira Saint-Pierre-sur-Dives, Argentan, Séez et Alençon.

L'embranchement de Serquigny sur Rouen desservira Brionne,

Glos-sur-Rilles, Bourgthéroude et Elbeuf, et se rattachera àTour-
ville au chemin de fer de Paris à Rouen.

La concession de ce dernier embranchement et des lignes de
Caen et de Cherbourg a été faite en vertu de la loi du 8 juillet 1852
à une compagnie formée sous les auspices de la compagnie de
Rouen.

LIGNE DU NORD.

Ce réseau comprend la ligne de Paris à la frontière belge, avec embranchement sur Calais et Dunkerque, et les lignes d'Amiens à Boulogne, et de Creil à Saint-Quentin. Ces trois lignes sont exploitées par une compagnie unique.

(710 kilomètres exécutés, 918 concédés.)

Concession de la ligne principale le 9 septembre 1845 ; expiration de la concession, pour toutes les lignes, en vertu du décret du 19 février 1852, le 10 septembre 1847.

Administration et embarcadère, place de Roubaix, 24, à Paris.

CONSEIL D'ADMINISTRATION.

MM. JAMES DE ROTHSCHILD, G. O. ✹, président, rue Laffitte, 15.
DELEBECQUE, O. ✹, vice-président, rue de l'Arcade, 9.

MM. PEREIRE (Em.), ✹, rue d'Amsterdam, 5.
HOTTINGUER (Ph.), ✹, rue de Provence, 27.
CAILLARD aîné (Marc), ✹, quai Malaquais, 17.
DALON (marquis), O. ✹, rue Saint-Lazare, 34.
PEPIN LEHALLEUR, ✹, rue Castiglione, 12.
JOLY DE BAMMEVILLE, ✹, propriétaire, rue de Londres, 29.
DASSIER (Auguste), rue de Provence, 54.
DE L'AIGLE (J.-Vincent).
DE SAINT-DIDIER (Armand), rue Ville-l'Évêque, 17.
GALLIERA (le duc de), rue d'Astorg, 16.
LEBOBE, ✹, rue de la Madeleine, 6.
JAMESON (F.), rue de Londres, 23.
DE ROTHSCHILD (Nathaniel, baron), rue Taitbout, 40.
MALLET (Jules, baron), rue de la Chaussée-d'Antin, 13.
BARING (Francis), place Vendôme 19.
BARING (Thomas), à Londres.

MOSS (J.), à Londres.

DE ROTHSCHILD (L., baron) à Londres.

MASTERMANN (J.), à Londres.

CHAPLIN (W.), à Londres.

MILLS (T.), à Londres.

DE ROTHSCHILD (A., baron) rue Laffitte, 15 bis.

ADAM, O. ✻, à Boulogne.

BAXENDAL, à Londres.

COMITÉ DE DIRECTION.

MM. DE ROTHSCHILD (J., baron).
DELEBECQUE.
PEREIRE (E.).
CAILLARD aîné (Marc).
HOTTINGUER (Ph.).
DALON (marquis).
LEBOBE.

SECRÉTARIAT.

MM. POLACK, chef du secrétariat.
ROBERT, caissier de la Compagnie.
MONTAIGU, chef de la comptabilité générale.
RONSERAY, chef du contentieux.

EXPLOITATION.

M. PETIET, + ✻, ingénieur, chef de l'exploitation, rue Lafayette, 31.

MM. MATHIAS (Félix), +, ingénieur inspecteur principal, faisant fonctions
de sous-chef de l'exploitation.
VERBERCMOES, agent commercial.
THOUIN, chef du mouvement de la 1re section.
DE NAZON, chef du mouvement de la 2e section.
VOLAIT, agent commercial et chef de mouvement de la ligne d'Amiens
à Boulogne.
CASTEL, chef du bureau central.
ROGET, chef du contrôle.
JOURDAN, chef du service des voitures de correspondance.

MATÉRIEL.

M. PETIET, + ※, ingénieur, chef du matériel.

MM. LOUSTAU, agent administratif.

CHOBRZYNSKI, ingénieur, inspecteur principal de la traction.

MATHIAS (Ferd.), ingénieur de la traction, 2ᵉ section.

ROMME, inspecteur du matériel, à Amiens.

NOZO, ingénieur des ateliers, à la Chapelle.

BRICOGNE, ingénieur, inspecteur principal du matériel.

TRAVAUX ET SURVEILLANCE.

M. MANIEL, + ※, ingénieur en chef des travaux et de la surveillance, rue d'Amsterdam, 39.

MM. ALQUIÉ, ingénieur, inspecteur principal.

MIBECKI, chef de la 1ʳᵉ section.

POUELL, chef de la 2ᵉ section.

MORICE, chef de la 3ᵉ section.

RICHOMME, chef de la section de Paris à Saint-Quentin.

Établissement et modifications successives.

Le 9 septembre 1845, le chemin de fer du Nord, avec ses embranchements de Lille sur Calais et Dunkerque, a été adjugé à MM. de Rothschild frères, Hottinguer et Cie, Laffitte, Blount et Cie. Cette concession, d'une durée de 38 ans, à dater de l'achèvement complet des travaux, était faite à cette époque à la charge, par les adjudicataires', de supporter toutes les dépenses faites ou à faire pour l'établissement du chemin, et, par conséquent, de rembourser à l'État toutes les sommes qu'il avait déjà appliquées à la construction de cette ligne.

Le même jour, la même société a obtenu la concession pour vingt-cinq ans moins un mois, du chemin de Creil à Saint-Quentin.

Les lignes concédées comprennent en étendue :

Celle de Paris à Amiens .... kil. 148

Celle d'Amiens à Mouscron et à Quiévrain... 190

Celle de Lille à Calais et à Dunkerque........ 144

Celle de Creil à Saint-Quentin 103

585 kil.

Puis, de nouvelles concessions ont porté l'étendue au chiffre de 710 kilomètres.

Les principaux travaux du chemin de fer du Nord sont le pont biais en fonte de 32 mètres sur le canal Saint-Denis, un pont sur l'Oise de trois arches, ayant chacune 25 mètres d'ouverture. Entre Amiens et Lille il y a aussi un certain nombre de travaux importants. Le nombre total des stations de la ligne principale et de ses embranchements est de soixante-douze ; au premier rang se placent celles de Paris, Amiens, Douai, Lille, Calais et Saint-Quentin.

L'ensemble des dépenses pour les 585 kilomètres de chemin à double voie a été de 203 millions, soit 291 500 francs par kilomètre (1 166 000 frans par lieue).

Les actionnaires ont successivement touché

pour l'exercice 1847, pour un versement de 250 fr.				.....	14 fr.	95 c.
»	1848	»	300	.....	12	35
»	1849	»	360	.....	17	70
»	1850	»	400	.....	24	»
»	1851	»	400	.....	36	»
»	1852	»	400	.....	41	50

On peut affirmer aujourd'hui qu'ils toucheront pour 1853 au moins 50 fr.

Depuis le mois de juillet 1854, la compagnie du Nord s'est fusionnée avec la compagnie d'Amiens à Boulogne ; en conséquence, comme annexe ou comme embranchement du chemin de fer du Nord, il faut placer la LIGNE D'AMIENS A BOULOGNE.

Le traité de fusion entre les deux compagnies a été conclu, le 9 juillet 1854, par le conseil d'administration.

La base de ce traité est l'échange de 75 000 actions de la compagnie du chemin de fer d'Amiens à Boulogne contre 75 000 obligations de la compagnie du chemin de fer du Nord, produisant un revenu fixe de 15 francs par an, et remboursables au pair de 500 francs en 75 ans.

Le chemin de fer de Boulogne, établi, comme ceux de Dunkerque et de Calais, entièrement aux frais de la compagnie concessionnaire, a coûté avec son matériel 315 000 francs par kilomètre, et ses produits n'ont représenté qu'un revenu de 2 p. 100 du capital employé. Par comparaison, il faut se souvenir que les embranchements de Calais et de Dunkerque n'ont coûté que 240 000 francs

par kilomètre et que cependant les recettes ne dépassent pas
3 p. 100 du capital employé. Les trois embranchements, exploités
aujourd'hui en commun et par l'habile administration qui dirige le
chemin du Nord, donneront des produits nets de beaucoup supé-
rieurs, et il en sera certainement de même de l'embranchement de
Creil à Saint-Quentin, surtout lorsqu'il sera prolongé jusqu'à
Erquelines.

Par suite de la fusion entre les compagnies du Nord et d'Amiens
à Boulogne, la durée de concession du réseau exploité par la compagnie du Nord, expirait à trois époques différentes. La ligne principale de Paris à la frontière de Belgique par Lille et par Valenciennes, et les deux embranchements de Calais et de Dunkerque,
devaient faire retour à l'État dans trente-cinq ans et cinq mois;

La concession de la ligne de Creil à Saint-Quentin prenait fin dans
vingt et un ans et neuf mois;

Celle d'Amiens à Boulogne dans quatre-vingt onze ans et sept mois.
Une clause de rachat, insérée dans le cahier des charges, conférait
à l'État le droit de reprendre séparément la concession de l'un
quelconque de ces chemins à toute époque, après un délai qui
n'avait pas plus de dix ou onze ans à courir.

Cette situation était défavorable; elle a été modifiée par un
décret du 19 février 1852.

Aux termes de ce décret tout le réseau du chemin de fer du Nord
est concédé pour une durée uniforme de quatre-vingt-dix-neuf ans,
qui expirera le 10 septembre 1947.

La clause du rachat ne pourra s'exercer que sur l'ensemble des
lignes concédées à la compagnie, et seulement après vingt-quatre
ans de jouissance, c'est-à-dire à dater du 19 février 1876.

En outre l'État a réduit à 3 pour 100 le taux d'intérêt, qui avait
été porté à 5 pour 100, pour les sommes qui lui sont dues; enfin
le gouvernement autorise et limite à 400 francs le capital des
actions.

En retour de ces conditions, la compagnie du Nord s'est engagée
à construire :

1° Dans un délai de quatre années, un chemin de fer de Saint-
Quentin à la frontière de Belgique, par Maubeuge; ce chemin aura
une longueur de 85 kilomètres;

2° Dans le même délai de quatre années, mais éventuellement

un embranchement de 5 kilomètres partant de Noyelles, station de la ligne d'Amiens à Boulogne, et aboutissant à Saint-Valery;

3° Dans un délai de 6 ans, un chemin d'une longueur de 38 kilomètres, joignant la ligne de Maubeuge et celle de Valenciennes, par Somain et le Cateau, avec une variante éventuelle pour desservir Cambrai;

4° Enfin, un chemin de jonction entre la ligne de Saint-Quentin et le réseau des chemins de l'est et du sud-est. Ce chemin, d'une longueur de 80 kilomètres, doit rejoindre par La Fère et Reims, la ligne de Paris à Strasbourg; la construction devra être terminée dans un délai de neuf années.

L'économie à faire par la compagnie sur l'amortissement de son capital, par suite de la prolongation de la jouissance, représente à elle seule l'intérêt des sommes nécessaires à l'établissement des nouveaux chemins; l'État n'a donc pas eu moins d'intérêt que la compagnie à réviser le premier contrat, puisque, sans sacrifice, il assure l'exécution de lignes dont personne n'eût voulu se charger sans subvention. Quoique d'un faible produit, ces lignes sont cependant fort utiles au point de vue général.

Le chemin de fer de Saint-Quentin à la frontière belge fait disparaître la seule lacune qui existe de Paris à Cologne, et forme la voie la plus directe et la plus courte entre Paris et le nord de l'Allemagne. Par Valenciennes et Bruxelles, Paris est aujourd'hui à 610 kilomètres de Cologne; par la ligne de Maubeuge et Charleroy, le trajet sera seulement de 510 kilomètres, ce qui représentera sur l'ensemble du parcours une abréviation de 100 kilomètres.

Indépendamment de ces avantages, ce chemin met en rapport direct celui du Nord avec le bassin houiller de Charleroy et avec les nombreuses usines des vallées de la Sambre et de la Meuse. Les produits encombrants de ces riches contrées sont aujourd'hui à peu près exclusivement transportés par les canaux de la Sambre et de l'Oise, et représentent un mouvement annuel de 7 à 800 000 tonnes.

Le chemin de Noyelles à Saint-Valery a une double utilité : il mettra la capitale en communication avec celui de nos ports de mer qui, Dieppe excepté, est le plus rapproché d'elle; il permettra ensuite d'établir un barrage sur l'ancien lit de la Somme et de mettre en valeur des terrains abandonnés par cette rivière et qui aujourd'hui, tour à tour baignés et délaissés par les eaux de la mer, sont voués à une stérilité absolue. L'exploitation de cette voie. d'une étendue de 5 kilomètres, n'était possible, on le comprendra facilement, que par sa réunion à la ligne principale ; la valeur des terrains conquis sur la mer atténuera naturellement les dépenses de la construction.

La jonction entre la ligne de Douai à Valenciennes, par Somain et le Cateau ou par Cambrai, avec la ligne de La Fère à Reims, par Tergnier, complète la ligne transversale qui va mettre en communication les quatre départements du nord et les ports de Calais et de Dunkerque avec les lignes de l'est et du sud-est de la France.

Par cette jonction, et au moyen des lignes déjà construites ou concédées depuis longtemps, Calais et Dunkerque sont en relation directe avec la Lorraine, l'Alsace et la Suisse, par Nancy, Metz, Strasbourg et Bâle. Par les chemins qui viennent d'être concédés de Blesme à Gray par Saint-Dizier, de Gray à Auxonne, de Dôle à Salins et de Dijon à Besançon, le chemin du Nord touche aux vallées de la Saône et du Doubs, et atteint la partie centrale de la Suisse.

Par ces lignes on pourra envoyer les houilles des bassins de Mons, d'Anzin et de Charleroy aux usines de la Champagne et de la Haute-Marne, et offrir à ces contrées les moyens les plus directs et les plus économiques d'échanger leurs produits avec ceux de l'Angleterre et du nord de l'Europe.

La dépense totale pour construire et exploiter ces quatre lignes a été estimée à 69 millions, en les considérant comme formant des entreprises spéciales : mais on espère avec raison pouvoir ramener ces dépenses, même en y comprenant les intérêts pendant la construction, à une somme de 55 à 60 millions, en raison de l'unité de direction et de l'économie des frais généraux.

Les avantages résultant du décret du 19 février 1852 ont permis à la compagnie du Nord de faire l'application d'un matériel perfectionné au transport des marchandises, d'augmenter la puissance de ses machines et la capacité de ses wagons, de diminuer ses frais de transport, et par conséquent ses tarifs. Ces avantages lui permettront en outre d'opérer la réfection complète de sa voie en remplaçant les rails de 30 kilogrammes par des rails de 37 kilogrammes. Cette amélioration devient nécessaire quand on adopte le système

des lourds convois pour le transport économique des marchandises.
La substitution des rails actuels sur la ligne principale exigera, en
cinq ans, la dépense d'un capital de 12 800 000 fr., en employant
une partie des rails, coussinets et traverses, sur la ligne de Tergnier à Neufchâtel, sur celle de Noyelles à Saint-Valery et sur les
voies de garage des lignes de Saint-Quentin à Erqueline, et de
Cateau à Somain. La dépense de renouvellement se serait élevée
à 14 600 000 fr. sans ce réemploi qui l'a réduite à 12 000 000,
comme nous l'avons dit précédemment. Cela représente une annuité de 640 000 fr., qui n'est pas une charge bien lourde en présence des accroissements de produits réalisés en 1852, ainsi qu'on
va le voir, et si l'on songe que, dans le premier trimestre de
1853, il y a eu une augmentation de 1 220 000 fr. ou de 20
pour 100.

Les résultats favorables que nous venons de constater sont
encore plus frappants si l'on considère les résultats du premier
trimestre de 1853 en les comparant à ceux du premier semestre de
1852. On trouvera en effet que, du 1er janvier au 8 juillet 1835, la

recette totale a été de..................... 16 274 302 fr. 64 c.
tandis qu'en 1852, pendant la même période,
la recette avait été de..................... 13 874 722   74
                                              _____
ce qui constitue une différence de......... 2 399 579   90

Détails sur la construction du chemin de fer du Nord et de ses embranchements.

Les dépenses générales de la ligne principale et des embranchements de Calais, de Dunkerque et de Saint-Quentin, s'élevaient, au
31 décembre 1850, à 195 746 442 fr. 20 c. ; elles étaient, au 31 décembre 1851, de 198 874 030 fr. 08 c., ce qui porte à 3 157 587 fr. 88 c.
les dépenses soldées dans l'exercice de 1851.

Le tableau suivant indique quelles étaient les prévisions
en 1852.

INDICATIONS des SERVICES.	DÉPENSES			LONGUEUR en kilomètres.	DÉPENSES totales PAR KILOM.
	FAITES.	A FAIRE.	TOTALES.		
	fr. c.	fr. c.	fr. c.		fr. c.
Ligne principale........	114 525 860 85	270 130 15	114 800 000 00	335	334 000 00
Embranchement de Lille à Dunkerque.	19 896 528 45	403 471 55	20 300 000 00	83	245 000 00
Embranchement de Hazebrouck à Calais....	12 812 320 76	1 187 070 24	14 000 000 00	60	233 000 00
Embranchement de Saint-Quentin..........	21 722 281 85	1 277 718 15	23 000 000 00	102	225 000 00
Matériel et outillage....	32 913 020 17	986 979 83	33 900 000 00	»	58 000 00
Totaux........	198 874 030 08	4 125 969 92	203 000 000 00	580	350 000 00

Nota. L'ensemble des lignes coûtera donc, par kilomètre,

Pour travaux.......... 202 000 fr. } 350 000 fr.
Pour matériel.......... 58 000

Voici la situation financière exacte de la compagnie du chemin de fer du Nord au 31 décembre 1852 :

Fonds versés par les actionnaires............ 159 975 750 fr.
Emprunt de 1852...................... 23 479 009
A reporter...................... 183 454 759 fr.

Report..	183 454 759	»
75 000 obligations Nord-Boulogne............	37 500 000	»
2363 obligations de Boulogne................	4 181 558	09
Dû à l'État.................................	23 056 945	91
Dû à divers entrepreneurs, fournisseurs et autres créanciers............................	4 438 573	69
Dû pour dividendes et intérêts..............	161 707 428	28
Dû aux comptes de réserves et d'amortissement.	7 810 164	59
	274 149 429	56

Voici l'emploi de ces diverses sommes :

Construction de la ligne principale...........		111 807 904	72
Construction des embranchements :			
Lille à Dunkerque.......	19 927 972 32		
Hazebrouck à Calais.....	13 728 284 31	33 656 256	63
Creil à Saint-Quentin.....................		21 986 307	37
Amiens à Boulogne........................		34 018 498	08
Nouveaux embranchements.................		211 257	35
Construction du matériel d'exploitation, outillage des ateliers, approvisionnements et mobilier, y compris le matériel d'Amiens à Boulogne pour..............	3 813 464 86	35 941 216	70

Le solde montant à 33 527 987 fr. 81 c. se forme des articles suivants :

Espèces en caisse à la banque de France ou chez les banquiers de la compagnie...........	2 094 495 05		
Bons du Trésor, compris les rentes pour 3 038 210 fr. 06 c...................	14 792 157 31		
Portion du cautionnement non remboursée.......	25 000	33 527 987	81
Placements temporaires...	10 405 073 85		
Fonds entre les mains d'agents comptables ou receveurs, comptes courants, factures à recouvrer....	6 211 261 60		

Somme égale.....................	274 149 429	56

Les dépenses relatives à la construction de la ligne principale et des embranchements se sont élevées, pour l'exercice de 1852, à la somme de... 1 489 467 fr. 81 c.

Le compte de la construction du matériel d'exploitation, des approvisionnements et du mobilier des gares et stations, s'est augmenté, en 1852, d'une somme de........................ 1 977 698   39

En résumé, la compagnie a disposé, pendant l'exercice 1852, de ressources dont l'importance s'élève à 7 440 054 fr. 72 c.

Valeurs disponibles au 31 décembre 1851	9 325 852 fr. 66 c.
Versements effectués par les actionnaires en 1852	152 360
Versements sur l'emprunt de 1852..........	23 479 009
Pour excédant, en 1851, des sommes représentant les produits nets de l'exploitation et les soldes dus à divers sur les mêmes comptes, en 1851......................	8 010 820 87
Total......................	40 968 042 fr. 53 c.
A déduire, valeurs au 31 décembre 1852......	33 527 987 81
Somme employée en 1852............	7 440 054 fr. 72 c.

Voici le détail de l'emploi de ces ressources :

Construction de Boulogne :

Dépenses de 1852........ 103 220 fr. 89 c.	
Matériel de la voie figurant à un compte d'ordre en 1851 .... 158 440 28	261 661 fr. 17 c.
Construction de la ligne principale...........	278 043 87
Construction des anciens embranchements.....	1 211 423 94
Construction des nouveaux embranchements...	211 257 35
Construction du matériel d'exploitation.......	1 977 698 39
Payements faits à l'État en 1852............	3 500 000
Somme égale...............	7 440 054 fr. 72 c.

Renseignements sur l'exploitation.

Au premier janvier 1853, le matériel de machines, voitures et wagons du chemin de fer du Nord était ainsi composé, en y comprenant le matériel transmis par la compagnie de Boulogne :

    239 locomotives,

    638 voitures de voyageurs,

    282 fourgons, trucks, écuries,

  3447 wagons à marchandises et wagons à sable.

Il y avait, en outre, en construction, à cette époque :

    26 locomotives à marchandises, 12 locomotives Crampton à grande vitesse et 10 lomotives portant leur eau et leur coke pour le service des grandes gares.

    70 voitures à voyageurs,

    50 fourgons à bagages,

  1486 wagons à marchandises (dont 200 déjà livrés).

Renseignements sur l'exploitation pendant l'exercice de 1852.

Les faits saillants de l'exploitation, pendant l'exercice de 1852, sont les suivants :

Les recettes se sont accrues, relativement à celles de l'exercice précédent, d'une somme importante : les recettes de la petite vitesse, qui avaient été de 8 609 258 fr. 83 c. en 1851, ont été en 1852 de 11 064 154 fr., c'est un accroissement de 28¼ pour 100 ; les produits accessoires de la grande vitesse, qui s'étaient arrêtés en 1851 au chiffre de 3 820 975 fr. 87 c., ont atteint en 1852 celui de 4 298 768 fr. : c'est une augmentation de 12 pour 100 ; le transport du coke s'est élevé de 339 000 fr. à 774 000 fr., et celui des houilles de 427 000 fr. à 699 000 fr.

Pendant que les recettes du chemin du Nord éprouvaient cet accroissement, les dépenses se trouvaient réduites dans une très-forte proportion, de sorte que, tandis que l'augmentation sur l'ensemble des recettes est de 2 812 745 fr. 67 c., l'augmentation des dépenses n'est que de 606 425 fr. 14 c. Le rapport de la dépense à la recette, qui avait été en 1851 de 37 pour 100 de la dépense brute, n'a plus été en 1852 que de 34¼ pour 100.

Le chapitre le plus important, celui de la traction, qui forme la division du matériel et des ateliers, a subi en 1851 une économie absolue de 155 000 fr., bien que dans les comptes de 1851 se trouvent comprises les dépenses du deuxième semestre de la ligne de Boulogne, et que le parcours kilométrique se soit accru de 600000 kilomètres, c'est-à-dire de 15 ½ pour 100; les dépenses de traction proprement dites, celles qui comprennent l'ensemble du service des machines et des ateliers, et qui s'élevaient, en 1850, à 99 cent. par kilomètre parcouru par les machines, sont tombées en 1851 à 0 fr. 79 cent., ce qui présente une réduction de 20 pour 100, et en 1852 à 0,73. Le total des frais pour les machines et les voitures réunies, qui s'élevait, en 1850, à 1 fr. 24 cent. par kilomètre parcouru, est tombé, en 1851, à 1 fr. 03 cent. et en 1852 à 0,94. En sorte que dans cette année l'économie totale sur la traction a été de 205 654 fr. 33 c., et ces résultats remarquables sont dus notamment à la haute direction et au talent éprouvé de M. Jules Petiet.

En 1850 les machines avaient parcouru.... 3 907 980 kilom.
En 1851 elles ont eu à parcourir.......... 4 481 206 »
En 1852................................. 5 196 990 »

Le parcours des trains pour l'année 1851 a été de 3 640 819 kilomètres; et, pour 1852, de 4 843 942 kilomètres.

Ainsi, l'ensemble des dépenses qui, en 1850, s'était élevé à 93 pour 100 de la recette brute, n'a plus été, en 1851, que de 37 pour 100, et en 1852 de 34 ½ pour 100. Les frais de l'exploitation de la ligne de Boulogne étaient antérieurement de 69 pour 100 de la dépense.

La réunion du service de Boulogne avec celui du Nord a permis à cette compagnie de réaliser de notables économies; les ateliers d'Amiens ont été entièrement dissous, et tout le service de ce nouvel embranchement est fait dans les ateliers du Nord, à La Chapelle et à Amiens; le personnel de l'administration centrale de Boulogne a été licencié; les frais des principales gares ont également subi de grandes réductions, ainsi que les dépenses spéciales de publicité, de voyages et d'agence à Londres; en résumé, l'ensemble des économies déjà réalisées représente une somme annuelle de 400 000 fr., qui s'élèvera à 440 000 fr. lorsque la construction des maisons de gardes sera achevée, ce qui aura pour effet de rendre la surveillance du chemin tout à la fois plus immédiate et plus économique.

Les produits bruts du chemin de fer, sans défalquer les impôts ni les subventions, ont présenté pendant les six dernières années les résultats suivants:

	1847	1848	1849	1850	1851	1852
Nombre de Voyageurs..	2 612 665	2 400 082	2 018 390	3 001 770	3 080 241	4 250 100
	fr.	fr.	fr.	fr.	fr.	fr.
Recettes de Voyageurs..	8 523 381, 83	7 771 426, 03	9 462 402, 36	12 044 585, 86	14 320 419, 77	14 807 075, 00
Recettes accessoires de la grande vitesse	2 032 303, 02	2 464 874, 76	2 876 777, 58	3 175 415, 01	3 572 368, 52	4 208 708, 00
	fr.	fr.	fr.	fr.	fr.	fr.
Total des transports de la grande vitesse:..	10 555 684, 85	9 836 207, 30	12 339 179, 93	15 220 000, 87	17 892 788, 29	18 905 843, 00
Recettes de la petite vitesse.......	5 086 478, 14	5 537 948, 52	6 987 290, 04	8 474 803, 18	8 431 660, 40	11 061 154, 00
Total général...	15 642 162, 00	15 474 215, 01	19 320 470, 57	23 694 804, 05	20 324 447, 69	30 026 997, 08
Nombre de kilomètres exploités..........	338	421	538	575	647	710

Les trains de plaisir ont donné lieu en 1851 à une circulation de 51 800 voyageurs et ont produit une recette de 340 000 francs et en 1852 de 57 202 voyageurs ayant produit 370 390 francs. Le nombre et le produit des voyageurs par classes se sont subdivisés comme suit :

	En 1851. Nombre.	Produits.
Voyageurs. { 1re classe...	431 307	5 421 622 fr. 00 c.
2e classe...	074 780	4 225 750 87
3e classe...	2 574 174	4 683 037 30
	3 080 241	14 320 419 fr. 77 c.

	En 1852. Nombre.	Produits.
Voyageurs. { 1re classe...	405 101	4 802 389 fr. 80 c.
2e classe...	1 120 003	4 500 410 00
3e classe...	2 733 206	5 178 207 00
	4 285 000	14 807 075 fr. 00 c.

Le produit moyen par kilomètre d'un voyageur, qui était en 1850 de 0c,84, s'est élevé en 1851 à 7c,28, et en 1852 à 8c,75 par voyageur et par kilomètre.

Dans les accroissements de recettes réalisés sur les diverses stations du chemin de fer du Nord et de ses embranchements, Calais figure, en 1851, pour 419 920 fr. 65 c. pour le service des voyageurs; c'est le résultat du mouvement qu'a provoqué l'exposition universelle de Londres. En outre, depuis cette époque, des relations nouvelles se sont créées entre l'Angleterre et la France, et la station de Calais doit en ressentir les effets. En 1852, le développement naturel et normal de l'exploitation a reproduit, à peu de chose près, les résultats exceptionnels que l'exposition universelle de Londres avait provoqués l'année précédente.

Quant aux dépenses, elles se répartissent de la manière suivante, en comparant les chiffres des trois derniers exercices :

	1849	1850	1851	1852
	fr.	fr.	fr.	fr.
Administration centrale.............	419 990,85	467 932,66	533 319,93	578 033,01
Division d'exploitation	1 950 844,70	2 221 010,04	2 502 166,04	2 774 448,70
Division du matériel et des ateliers.....	3 850 939,84	4 779 134,17	4 624 326,35	4 829 980,68
Division de l'entretien et de la surveillance........	1 164 759,01	1 369 788,34	1 556 988,53	1 640 718,00
	7 386 534,40	8 837 865,23	9 216 800,85	9 823 225,99

Nous avons vu que le coût du kilomètre parcouru par les machines, qui avait été, en 1851, de 79 c., est descendu, en 1852, à 73 c. Le coût du kilomètre de trains pour le service des machines, voitures et wagons, qui était, en 1851, de 1 fr.,095, est descendu, en 1852, à 1 fr.

Les recettes de l'exploitation, déduction faite des impôts sur les voyageurs, des détaxes, des indemnités, des subventions aux correspondances, etc., se sont élevées, en 1851, à 25 107 000 fr. 89 c.

on 1852, à 28 433 812   28

Les dépenses de l'exploitation ont été,
au total en 1851, de.................   9 216 800   85
on 1852, de...................   9 854 951   12.

Soit pour excédant des recettes sur les dépenses de 1851......................... 15 890 260 fr. 04 c.
et de 1852............................. 18 578 861   16
En y ajoutant le solde de l'exploitation
de 1851 ....   192 628   62
l'excédant disponible est de.............. 18 771 489   78

Un fait important que nous ne saurions omettre, en parlant
du chemin de fer du Nord, c'est que les indemnités pour réparations des dommages éprouvés en février 1848 ont été ré-
glées par décret du 24 décembre 1851. La somme reçue s'est
élevée à 738 889 fr. 64 c.; elle a été affectée aux travaux spéciaux
qui ont été entrepris pour rétablir ce qui avait été incendié ou
dévasté.

Cet excédant a reçu les affectations suivantes :

Amortissement prévu par les statuts....... 191 724 fr. 83 c.
Amortissement des obligations du Nord-Bou-
logne................................   439 500
Amortissement supplémentaire dont il sera
parlé plus bas 270 000
Intérêts des actions à 4 pour 100 sur 400 fr.
par action, ci......... 6 400 000 fr.
dont il faut déduire les
intérêts des placements   5 606 763 fr. 79 c.
de fonds............ 793 236 fr. 21 c.
Intérêts des obligations .... 1 872 937 fr. 50 c.
Intérêts des fonds dus à l'État.............   479 283
Dividende des actions pour 1852, à raison de
25 fr. 50 cent. par action................ 10 200 000
Solde de l'exercice de 1852 à reporter.......   11 280   66
                                            _____
Somme égale à l'excédant disponible... 18 771 489 fr. 78 c.

Afin d'établir plus d'égalité dans le payement des intérêts et des
dividendes semestriels, le conseil d'administration a décidé que
désormais les intérêts de l'année entière seraient distribués

le 1er janvier et les dividendes le 1er juillet; il a été payé, en conséquence, le 1er janvier dernier une somme de... 16 fr. » c. par action.

Le dividende à répartir s'élèvera à.. 25 50 »

L'ensemble du produit de chaque action pour 1852 a donc été de......... 41 fr. 50 c.

Il aurait pu s'élever à 42 fr. si le conseil n'avait pas jugé convenable de retrancher des produits nets de cet exercice une somme de 270 000 fr. pour former un amortissement supplémentaire. Cette somme pourra être modifiée selon la détermination qui sera prise pour fixer l'amortissement des sommes qui ne peuvent rentrer ni dans l'amortissement des actions ni dans celui des obligations émises.

Le dividende à distribuer de 25 fr. 50 cent. par action doit être payé à partir du 1er juillet 1853; les actionnaires qui ont voulu le recevoir par anticipation en avaient la faculté, en bonifiant 4 pour 100 d'intérêt à partir du jour où ils auront reçu jusqu'au 1er juillet.

L'accroissement du matériel de transport dont nous avons parlé plus haut a déjà eu pour effet d'augmenter le trafic des marchandises dans le premier trimestre de 1853, bien que la compagnie ne soit encore en possession que d'une partie des nouvelles machines et des nouveaux wagons commandés. On peut juger de cette augmentation par la comparaison des deux trimestres.

	1852.	1853.	Augmentation pour 100.
Marchandises........	143 064 tonnes.	186 285 tonnes.	30.
Houille et coke.......	34 306	84 422	146.
	177 370 tonnes.	270 687 tonnes.	

Voici maintenant quelle a été, pour le même trimestre de 1853, l'augmentation relativement à 1852 dans le chiffre des recettes.

	Accroissement sur le premier trimestre de 1852.	
Transport de voyageurs.................	260 000 fr.,	soit 10 pour 100.
Transport de bagages et articles de messageries.....................	180 000	19
— de marchandises de roulage.....	410 000	20
— de houille et de coke..........	335 000	118
Augmentation totale dans le trimestre.....	1 220 000 fr.,	soit 20 pour 100.

Modification du réseau à construire par le chemin de fer du Nord.

Le décret du 24 juillet 1853 a modifié la construction de l'embranchement du Cateau à Somain en concédant le chemin de fer de Reims à Mézières et à Charleville avec embranchement sur Sédan et le Chemin de Creil à Beauvais.

Le chemin de Reims à Charleville doit avoir un parcours de 84 kilomètres.

L'embranchement de Sédan se détachera de la ligne principale un peu au-dessus de Mézières.

Le chemin de Creil à Beauvais passant par la vallée du Thérain aura 35 kilomètres.

La compagnie concessionnaire est composée de

MM. SIMEON (le comte). } Sénateurs
MOUCHY (le duc de).
EUGÈNE LADOUCETTE. } Députés.
JULES RICHÉ.
SEILLIÈRES (le baron), banquier à Paris.
JOHN MASTERMAN. } Banquiers à Londres.
MATHIEU UZIELLI.
SAMUEL LAING.
HUTCHINSON.
BAZIN DUMESNIL SAINT-FIRMIN.

La compagnie prend à sa charge une dépense de 29 600 000 fr. savoir : pour l'exécution du chemin de fer de Reims à Mézières et à Charleville et de l'embranchement de Sédan :...................... 24 200 000

Pour le chemin de Creil à Beauvais.......... 59 000 000

De plus elle s'engage à payer au chemin de fer du Nord une somme de.................... 2 500 000

Ensemble................. 29 600 000 fr.

Cette somme de deux millions et demi payée à la compagnie du Nord jointe à celle de deux millions de francs de subventions locales que recevra la même compagnie, est destinée à couvrir l'excédant de dépenses qui résultera pour elle de l'exécution de la ligne passant par Cambrai et remplaçant celle du Cateau à Somain dont nous avons parlé précédemment.

La nouvelle entreprise sera la ligne du *Nord-Est*.

Il lui a été imposé dans le cahier des charges une condition nouvelle et tout à fait inusitée, c'est un abaissement de tarif sur le transport des grains dans le cas où leur prix atteindrait ou dépasserait le chiffre de 24 fr. l'hectolitre sur les marchés régulateurs de Charleville ou de Beauvais; dans ce cas le gouvernement pourra exiger que le prix de transport des blés, péage compris, soit réduit à la moitié du tarif et ne puisse excéder au maximum 7 à 8 centimes par tonne et par kilomètre.

Le décret porte en outre une clause commune à toutes les concessions accordées en 1853 au sujet de l'émission et de la négociation des actions. Cette clause est ainsi conçue :

Lesdites actions ne pourront être négociées avant le versement des deux premiers cinquièmes du montant de chaque action.

LIGNES DE L'EST.

Les lignes de l'Est sont les suivantes : 1° de Paris à Strasbourg, 2° de Blesme et Saint-Dizier à Gray, 3° de Strasbourg à Bâle, 4° de Dijon à Besançon, 5° de Dôle à Salins.

I.

CHEMIN DE FER DE PARIS A STRASBOURG,

(627 kilomètres.)

Durée de la concession : 99 ans.

Administration et embarcadère, rue et place de Strasbourg.

CONSEIL D'ADMINISTRATION.

MM. DE SÉGUR, C. ✸, président, rue de Grenelle, 91.

DE GALLIERA (duc), vice-président, rue d'Astorg, 16.

BAIGNÈRES, O. ✸, rue Richer, 42.

BLACQUE-BELAIR, rue Laffitte, 34.

CHEVANDIER (de Saint-Quiren, Meurthe), rue de la Victoire, 24.

CLARY, rue d'Anjou-Saint-Honoré, 36.

DOLFUS-MIEG, C. ✸, rue Saint-Fiacre, 9.

DUBOCHET (V.), O. ✸, rue du Faubourg-Poissonnière, 175.

FOL, banquier, place de la Bourse, 9.

HAINGUERLOT, rue de la Pépinière, 87.

HERVEY (baron d'), C. ✸, rue du Bac, 102.

JAYR, C. ✸, rue Chauchat, 16.

MARCUARD, rue Bergère, 18.

PERDONNET, ✸, à Lagny.

DE ROTHSCHILD (James), G. O. ✸, rue Laffitte, 15.

DE ROTHSCHILD fils (Alph.), ✸, rue Laffitte, 15.

ROUX, rue d'Anjou-Saint-Honoré, 23.
TOUCHARD, rue Neuve-des-Victoires, 28.
DE GRIMALDI, ✲, rue Miromesnil, 30.
DE VANDEUL, rue de Sèze, 3.

COMITÉ DE DIRECTION.

MM. DE SÉGUR (comte), président.
DE GALLIERA (duc), vice-président
BAIGNÈRES.
DUBOCHET.
HERVEY (baron d').
JAYR.
PERDONNET.
ROUX.

SECRÉTARIAT GÉNÉRAL.

MM. BOSSANGE, secrétaire général.
BOUHIN, sous-chef de la division du secrétariat.

EXPLOITATION.

MM. HALLOPEAU, ✲, chef de l'exploitation.
LAMONINARI, chef du mouvement à l'embarcadère.

MM. EDWARDS, ✲, ingénieur en chef du matériel, à Épernay.
VUIGNER, O. ✲, ingénieur en chef des travaux et de la surveillance, faubourg Saint-Denis, 146.
FRÉCOT, ingénieur de l'embranchement de Thionville.
LEMOINNE, ✲, ingénieur de l'arrondissement de Sermaise, à Frouard
FAIN, ✲, chef de la division de comptabilité, rue Soufflot, 18.
VAN DE WYNCKÈLE, chef de la division commerciale, rue Chabrol, 25.
QUÉTIL, ✲, chef du contentieux, cour des Petites-Écuries.
MARTIN SAINT-LÉON, caissier, rue Neuve-Coquenard, 24.

ENTREPRISE DE TRACTION.

M. SAUVAGE, O. ✳, ingénieur en chef des mines, entrepreneur général.
VUILLEMIN, ingénieur inspecteur principal de l'entrepreneur.

Renseignements sur la construction.

L'ouverture définitive de cette ligne a eu lieu le 12 août 1852 : c'est un des événements les plus importants de l'année en matière de chemins de fer.

Pour donner la mesure de l'énergie avec laquelle les travaux ont été poussés, il suffit de rappeler ici la date de l'ouverture des différentes sections :

L'ordonnance royale autorisant la société anonyme est du 17 décembre 1845.

La section de Paris à Meaux, sur 45 kilomètres, a été ouverte le 5 juillet 1849 ; celle de Meaux à Épernay, sur 97 kilomètres, a été ouverte le 21 août suivant ; d'Épernay à Châlons, 30 kilomètres, le 10 novembre suivant.

Ainsi, dans la même année 1849, on a livré à la circulation 172 kilomètres.

Le 25 juillet 1850, on livre l'embranchement de Nancy à Metz...	57 kilom.
Le 5 septembre 1850, on livre de Châlons à Vitry-le-François...	33
Ensemble pour 1850............	90 kilom.

En 1851, on livre 210 kilomètres, savoir :

Le 29 mai 1851, de Vitry-le-François à Bar-le-Duc..	49 kilom.
Et de Sarrebourg à Strasbourg......................	71 »
Le 24 juillet 1851, de Metz à Saint-Avold..........	50 »
Le 15 novembre 1851, de Bar-le-Duc à Commercy..	40 »
Ensemble pour 1851............	210 kilom.

Enfin, en 1852, on livre la ligne tout entière. Quand on visite ce chemin de fer, quand on remarque les travaux importants qu'il a fallu exécuter, les difficultés qu'il a fallu vaincre pour arriver à ce résultat, on ne peut trop louer les ingénieurs et les administrateurs qui se sont dévoués à cette entreprise. Une part importante de l'honneur doit revenir à M. Vuigner, ingénieur en chef de la voie. dont l'activité infatigable ne s'est pas un soul instant démentie.

L'embranchement de Saarbruck èst terminé. Le 14 novembre 1852 a eu lieu l'inauguration du chemin de fer de Metz à Saarbruck. La ligne de Frouard à la frontière a été construite aux frais de la compagnie de Strasbourg.

Dans la partie prussienne, le chemin de fer traverse la Saare sur un grand viaduc de 7 mètres ; le bassin houiller est traversé par le chemin de fer sur une étendue de 30 kilomètres.

La section de Metz à Saint-Avold, de 51 kilomètres d'étendue, y compris le raccordement près de Metz, a été livrée à la circulation le 24 juillet 1851. Dans les sept premiers mois de 1851, le transport des marchandises sur la section de Nancy à Metz, n'était que de 1800 tonnes par mois. Du mois d'août au mois de novembre 1851, il s'est élevé à 7300 tonnes. Depuis le mois de novembre, par suite de l'ouverture de la section de Saint-Avold à Forbach, il s'est élevé de nouveau, malgré la mauvaise saison, et dépasse le chiffre de 10 300 tonnes par mois.

Le revenu brut de l'exploitation ne sera pas inférieur à 14 400 fr. par kilomètre et par an pour toute la période comprise entre l'ouverture de la section de Forbach et sa jonction avec la ligne principale. La gare définitive de Metz est en construction et doit être terminée probablement à l'heure où nous écrivons.

L'embranchement de Reims, dont le développement est de 31 kilomètres, n'est pas encore achevé. Il traverse la Marne à 1 kil. environ en amont d'Épernay. Il franchit la chaîne boisée qui sépare les vallées de la Marne et de la Vesle. La longueur du souterrain avait été fixée d'abord à 3050 mètres avec une pente de 9 millimètres par mètre; mais, pour éviter les terrains argileux et ne pas quitter le banc de craie, on a baissé de 12 mètres le niveau d'entrée vers Germaine, et la pente a été réduite à 5 millimètres. Pour accélérer le travail, on a creusé des puits de travail distants entre eux de 300 mètres, dont le service se fait au moyen de manèges et par des machines à vapeur de 12 à 14 chevaux, qui donnent le mouvement à des bennes et à des plateaux de service. Il y a tout lieu d'espérer que cet embranchement pourra être livré à la circulation avant 1854.

La construction de la ligne complète de Strasbourg et de l'embranchement de Forbach coûtera à la compagnie, pour exécuter 660 kilomètres, une somme de 135 millions, soit 203 930 fr. par kilomètre. La dépense à la charge de l'État est de 110 millions.

Les principaux travaux d'art sont particulièrement les tunnels dont les noms suivent :

Chalifert	168 mètres.
Armentières	644 »
Nanteuil	959 »
Chézy	450 »
Pagny	573 »
Foug	1120 »
Hommarting	2778 »
Hoffmüll	247 »
Lutzelbourg	139 »
N° 1 du Bas-Rhin	395 »
N° 2 d°	482 »
N° 3 de la Walck	324 »

Il y a huit ponts sur la Marne, cinq sur la Moselle et trois sur la Meurthe.

Cette grande ligne de l'Est traverse neuf départements et vient étendre ses deux grands bras sur l'Allemagne et sur la Prusse.

Il est même sérieusement question de prolonger la ligne de Strasbourg à Mayence et d'avoir ainsi un tracé sur Berlin beaucoup plus court que celui des chemins de fer allemands, mais il est évident pour nous que la meilleure direction serait celle de Saarbruck à Mayence, en passant par Kreutznach et par Bingen.

Renseignements sur l'exploitation.

EXERCICE DE 1849.

Recettes	4 485 891 fr. 10 c.
Dépenses	4 122 940 62
Bénéfice	362 950 fr. 78 c.

EXERCICE DE 1850.

Recettes	5 664 540 fr. 83 c.
Dépenses	2 982 465 25
Bénéfice	2 662 075 fr. 58 c.

EXERCICE DE 1851.

Au 1er janvier 1851, l'exploitation était ouverte de Paris à Vitry-le-Français sur une étendue de 205 kilomètres. Le 28 mai, elle a été ouverte de Vitry-le-Français à Bar-le-Duc sur 49 kilomètres. Le 18 novembre, de Bar-le-Duc à Commercy sur 40 kilomètres; ensemble sur un parcours de 294 kilomètres.

Le produit brut de l'exploitation de 1851, déduction faite de l'impôt du dixième, s'est élevé à............. 7 348 933 fr. 77 c.

Savoir :

4 282 350 fr. 86 c. pour le transport des voyageurs.

3 066 582 fr. 92 c. pour le transport des bagages et des marchandises.

Les dépenses se sont élevées à........... 3 424 570 95

Le produit net est de.................. 3 924 362 fr. 82 c

Ce chiffre représente 3 ½ p. 100 du capital appelé (112 500 000 au 31 décembre 1851), et 9 ¼ p. 100 du capital dépensé sur le nombre moyen de kilomètres exploités.

La dépense qui, en 1850, avait été de 52 p. 100, est descendue à la proportion de 46 ¼ p. 100 en 1851, et en 1852, elle n'a pas atteint 39 pour 100.

L'embranchement de Saarbruck a produit en revenu brut en 1851...................... 789 980 fr. 43 c.

La dépense a été de.................. 409 781 06

Le produit net a été de.............. 380 199 fr. 37 c.

Le compte rendu de l'exploitation de 1851, présenté à l'assemblée générale des actionnaires du 29 avril 1852, pour l'exercice clos le 31 mars 1852, donne les résultats suivants :

Les produits totaux de l'exploitation sont, à cette époque, de 8 138 944, 20 dans lesquels est comprise la somme de 4 956 267 61 pour les produits des voyageurs.

Les dépenses d'exploitation sont de 3 834 352 25. En sorte que l'excédant des recettes sur les dépenses est de 4 304 561,95.

Depuis le 25 mars 1852, la situation déjà très-favorable de la compagnie a été améliorée encore par un traité intervenu avec l'État.

Le chemin de Blesmes et Saint-Dizier à Gray, de 175 kilomètres de longueur, destiné à relier la Marne à la Saône, le chemin de fer de Strasbourg à celui de Dijon à Mulhouse, et à faire pénétrer les houilles de Saarbruck, de Charleroi et de la Loire dans l'important bassin métallurgique de la Haute-Marne, était classé depuis longtemps par une loi et réclamé par les populations et par l'industrie ; la nécessité d'une subvention du trésor en retardait seule la concession. L'arrangement conclu avec la compagnie de Strasbourg a levé tous les obstacles et résolu le problème à l'avantage commun.

Aux termes de cette convention, approuvée par décret du 25 mars 1852, la compagnie de Strasbourg s'est engagée à fournir à la compagnie de Blesme et Saint-Dizier à Gray une subvention de 10 millions et à faire avec elle un traité d'exploitation mixte dans le genre de celui qui existe entre la compagnie de Rouen et celle du Havre.

La compagnie de Strasbourg s'est chargée, en outre, de la construction d'un embranchement de Metz à Thionville, destiné à être prolongé plus tard jusqu'à la frontière prussienne, dans la direction du Luxembourg. On dit même aujourd'hui que cette compagnie veut terminer l'embranchement pour l'année prochaine, et que dans ce but on va commencer sur-le-champ les ouvrages d'art importants à construire dans la vallée de la Moselle et sur le cours de cette rivière.

En retour de ces engagements représentant une dépense de 20 millions, qui sera couverte par des revenus spéciaux importants, la compagnie de Strasbourg a obtenu :

1° Que la durée de sa concession fût portée à quatre-vingt-dix-neuf ans, à partir du 27 novembre 1855 ;

2° L'autorisation de distribuer des dividendes avant la mise en exploitation complète des embranchements de Reims et de Thionville ;

3° La faculté d'ajourner la pose de la seconde voie entre Metz et Forbach jusqu'à ce que les besoins de la circulation l'exigent.

Pour prévenir entre les compagnies de Strasbourg et de Gray des conflits préjudiciables au public et aux intérêts des actionnaires, le traité d'exploitation mixte a stipulé que la direction en serait remise à un comité composé de trois membres de la compagnie de Gray et de trois membres de la compagnie de Strasbourg ;

en outre, deux membres de chaque conseil ont été appelés à faire partie du conseil de l'autre compagnie.

Pour faire face aux dépenses mises au compte de la compagnie de Strasbourg par le décret du 25 mars, l'assemblée générale a voté un crédit de 30 millions à réunir par voie d'emprunt, et dont 10 millions sont destinés au chemin de Gray, 10 millions à couvrir l'insuffisance du capital primitif de Strasbourg, et 10 millions à assurer l'exécution de l'embranchement de Thionville.

Sur ce crédit de 30 millions, il a été émis immédiatement 25 millions qui ont trouvé parmi les actionnaires de la compagnie des souscripteurs empressés.

EXERCICE DE 1852.

A l'assemblée générale des actionnaires du 28 avril 1853, les résultats suivants ont été constatés : le 15 juin 1852, les trains de voyageurs et de marchandises ont pu circuler de Paris à Forbach, et, le 22 août suivant, ils parcouraient la ligne principale sans solution de continuité. Le matériel, qui était déjà composé de 129 locomotives, 546 voitures à voyageurs et 2149 wagons, va être augmenté par la commande de 100 locomotives, de 100 tenders, de 36 voitures à voyageurs et de 218 wagons à marchandises dont la dépense peut s'évaluer à 13 millions.

Dès cette année le produit brut de la *section de Metz à Forbach* sera supérieur à 18 000 fr. par kilomètre, et la seconde voie devra être posée.

L'embranchement d'Épernay à Reims est en pleine construction. Le développement du tunnel de Rilly-la-Montagne sera de 3 450 mètres et sa pente de 6 millimètres. Il sera achevé au mois de novembre 1853, et il est plus que probable que l'exploitation de cet embranchement pourra commencer à la fin de l'année.

L'embranchement de Metz à Thionville est également en voie de construction, et il pourra être achevé à la fin de l'année 1853, malgré les difficultés imprévues qui se sont présentées aux abords des places fortes de Metz et de Thionville.

En ce qui concerne l'exploitation : le nombre total des voyageurs a été, dans le courant de 1852, de 1 950 165 ; en 1851, il était de 1 111 722, en sorte que l'augmentation a été de 838 443 voyageurs.

Le produit brut de l'exploitation de 1852, défalcation faite de l'impôt du dixième, s'est élevé à.......... 15 202 471 fr. 29 c.

Savoir :

     8 510 174, 97 pour le transport des
         voyageurs,

     6 692 296, 32 pour le transport des
         bagages, des marchandises et des
         bestiaux.

Les dépenses se sont élevées à.......... 6 524 771   38

De sorte que le produit net de l'exploitation
    proprement dite est de............... 8 677 699 fr. 91 c.

Pour la distribution des dividendes, les comptes se présentent de la manière suivante :

Produit brut tout compris............. 15 928 460 fr. 75 c.

Produit net de l'exploitation de Sarre-
    bourg à Strasbourg............... 236 376   »

Intérêts de placements de fonds à re-
    cettes diverses.................... 61 630 77   83

       Ensemble.................. 17 795 514 fr. 58 c.

A déduire l'impôt du dixième.......... 942 365   46

       Reste.................... 16 833 149 fr. 12 c.

Dépenses d'exploitation. 6 524 771 38 ⎫
                              ⎬ 8 210 125 fr. 13 c.
Soldo des intérêts payés   ⎪
    pendant la construction. 1 685 354 75 ⎭

       Produit net.................. 8 623 020 fr. 99 c.

Qui a été employé en fonds de réserves, en intérêts et en divi-dendes. Par suite la somme totale touchée par les actionnaires pour l'exercice de 1852 a été de 33 fr., soit 6 $\frac{3}{5}$ pour 100.

Il est probable que pour l'exercice 1853 ils toucheront de 50 à 55 fr.

Au 1er janvier 1853, le matériel roulant de la compagnie de Strasbourg était ainsi composé :

     87 locomotives à voyageurs,

     42   —   à marchandises,

  127 tenders,

84 voitures de première classe,
40 — mixtes,
172 — de deuxième classe,
250 — de troisième classe,
185 fourgons à bagages, trucks à équipages, écuries,
1964 wagons à marchandises.

Il restait à livrer sur les marchés anciens :

13 locomotives à voyageurs,
5 tenders,
28 voitures de deuxième classe,
40 — de troisième classe,
20 fourgons, trucks et écuries,
20 wagons à marchandises.

Le développement inespéré du trafic a conduit la compagnie à commander dans les derniers mois de 1852, et pour être livrés, la majeure partie, dans le courant de cette année 1853 :

35 machines à voyageurs,
65 — à marchandises,
100 tenders,
12 voitures de première classe,
24 — de troisième classe,
70 fourgons, trucks et écuries,
1748 wagons à marchandises.

En conséquence, le matériel de Paris à Strasbourg, ainsi complété, sera composé comme suit :

135 locomotives à voyageurs,
107 — à marchandises,
232 tenders,
620 voitures à voyageurs,
70 fourgons, trucks et écuries,
3732 wagons à marchandises.

Au 1er janvier 1853, la dépense faite pour le premier établissement du matériel s'élevait à... 21 992 297 fr. 99

Par suite des commandes, elle sera augmentée d'environ .... 13 000 000 »

Total..................... 34 992 297 fr. 99

La longueur totale du chemin auquel s'appliquera le matériel de l'exploitation sera, y compris les embranchements de Reims et de Thionville, de 682 kilomètres. La dépense pour le matériel, correspondra donc au chiffre de 51 000 fr. par kilomètre.

Les versements faits et les produits obtenus annuellement par les actionnaires du chemin de fer de Paris à Strasbourg sont les suivants :

	VERSEMENTS.		PRODUITS.
	Partiels.	Totaux.	
En 1845.........................	125	»	»
1846, pour l'exercice précédent...	»	125	5,25
1847 id.	75	200	6,75
1848 id.	25	225	8,20
1849 id.	75	300	10,50
1850 id.	75	375	13,50
1851 id.	75	450	16,50
1852 id.	50	500	19,70
1853 id.	»	500	33

II.

CHEMIN DE FER DE BLESME ET SAINT-DIZIER À GRAY.

(175 kilomètres.)

Concédé le 26 mars 1852 ; durée de la concession 99 ans.

Administration, rue de Miromesnil.

CONSEIL D'ADMINISTRATION.

MM. DE GRIMALDI, ✳, président, rue Miromesnil, 30.
DE VANDEUL (Eugène), vice-président, rue de Sèze, 2.
ARMAND (de l'Aube), ✳, rue de Varennes, 80.

MM. BAIGNÈRES, ✳, rue de Houssaye, 14.

    CHAUCHARD, rue de l'Ouest, 42.

    GOLDSMID (Edmund), rue de l'Arcade, 25.

    JAYR, ✳, rue Chauchat, 16.

    LAING (Samuel), à Londres.

    LELUT, ✳, à l'hôpital de la Salpêtrière.

    MANDERSON (John), ⎫
                          ⎬ à Londres.
    MASTERMAN (John), ⎭

    MONTLÉART (prince de), rue de la Victoire, 67.

    SADLEIR (John), à Londres.

    SCHUSTER (Léo), à Londres.

    SIMONDS, à Reading (Angleterre).

    DE VANDEUL (Alfred), rue Blanche, 10.

   M. Ch. SARCHI, secrétaire général.

   M. TOURNEUX (Félix), ingénieur en chef.

Le chemin de fer de Blesme et Saint-Dizier à Gray, classé par une loi de 1846, a été concédé à la compagnie, par le décret du 26 mars 1852, aux conditions suivantes :

Subvention à fournir par la compagnie de Strasbourg   10 millions.

Capital à fournir par la compagnie concessionnaire
    en actions garanties par l'État d'un intérêt de
    4 pour 100 pendant 50 ans................ 16

Capital à réunir par voie d'emprunt garanti par
    l'État de 4 ½ d'intérêt et de l'amortissement au
    même taux pendant 50 ans...... 22
                                                —

                             Total............ 48 millions.

La longueur totale du chemin étant de 175 kilomètres, la dépense représente 274 285 fr. par kilomètre, dont 247 142 fr. à la charge de la compagnie.

Le service des intérêts et de l'amortissement de l'emprunt, non encore émis au moment où nous écrivons, exigera, chaque année, une somme d'environ 1 200 000 fr.

Le surplus des bénéfices appartiendra aux actions, et, dans le cas où il ne s'élèverait pas à 640 000 fr. par an, ou 4 pour 100 d'intérêt, la différence sera fournie par le trésor, qui a garanti ce revenu.

Il n'est pas probable du reste que cette garantie devienne jamais effective, en raison de l'importance des transports qui sont assurés au chemin de Saint-Dizier, dans un pays aussi riche et aussi manufacturier que la Haute-Marne.

Les études définitives de la première section de Blesme à Saint-Dizier ont été soumises, dès le mois de juin 1852, au conseil des ponts et chaussées ; la construction de cette section est presque achevée ; et l'on a commencé les travaux de deux d'entre elles. Les études des autres sections sont aujourd'hui terminées.

Le tracé général, tel qu'il est indiqué par le cahier des charges, passe par ou près Joinville, Chaumont et Langres. Sauf le faîte qui sépare le bassin de la Marne de celui de la Saône, et qui exigera la construction d'un tunnel, le surplus des travaux ne présentera pas de difficultés très-sérieuses.

Le cahier des charges renferme plusieurs dispositions nouvelles favorables à une exécution économique. Ainsi, on admet comme ordinaires des pentes de 6 millimètres par mètre et des courbes d'un rayon de 500 mètres ; les terrassements et le grand tunnel lui-même ne seront faits et établis que pour une seule voie.

La durée de la concession est fixée à 99 ans, à partir de 1857 ; elle finira, par conséquent, le 26 mars 1956.

La compagnie, pour se mettre à l'abri de tout mécompte et de toute insuffisance de capital, a traité à forfait avec des entrepreneurs anglais, de l'exécution de tous ses travaux et de l'installation de tous ses services, y compris les frais généraux et le service des intérêts, jusqu'à la mise en exploitation. Les entrepreneurs généraux sont MM. York et Cie, rue Neuve-des-Mathurins, 110.

L'ingénieur en chef des entrepreneurs est M. Alexis Barrault, ayant pour inspecteur principal M. Lorentz, ingénieur civil.

On a vu plus haut (page 50) qu'un comité mixte, composé de trois administrateurs de la compagnie de Saint-Dizier et de trois administrateurs du chemin de Strasbourg, était chargé de diriger l'exploitation du chemin de Gray. La traction sera faite à forfait et à des conditions avantageuses par la compagnie de Strasbourg. On peut même affirmer qu'une fusion aura lieu entre les deux compagnies de Strasbourg et de Gray, dans un avenir très-prochain.

III.

CHEMIN DE FER DE STRASBOURG A BALE
ET DE MULHOUSE A THANN.

(162 kilomètres.)

Concession du 6 mars 1838.—Inauguration de la première section,
15 août 1841.—Durée de la concession 99 ans.

Siége de la Société, rue de Richelieu, 62, à Paris.

CONSEIL D'ADMINISTRATION DU CHEMIN DE STRASBOURG
A BALE.

MM. WEST (E.), ✳, président, rue Bergère, 29.
COQUART, rue d'Amsterdam, 21.
DAVID, ✳, rue d'Aumale, 11.
PERROTY, O. ✳, rue Boursault, 20.
GIBERT, rue de Trévise, 39.
GIRARD, rue de la Ville-l'Évêque, 13.
DE LA GRAVIÈRE, place des Pyramides, 3.

M. NOBLET, secrétaire général.

M. LAUBRY, ✳, conseil administratif de la compagnie.

EXPLOITATION.

Siége de la direction, à Strasbourg.

MM. F. STROHL, ✳, délégué du conseil d'administration, chargé de 'a direction.
DE RÉGEL, ingénieur en chef.
MOREL-FATIO, chef du service du trafic.
GAILDRY, chef du service de la comptabilité.
HAZARD-ROUX, chef du contentieux, secrétaire de la direction.

Le chemin de Strasbourg à Bâle s'étend du nord au midi, sur un
parcours de 141 kilomètres, au milieu de l'Alsace. Établie sans

tranchée, la voie présente communément, entre Mulhouse et Colmar, des remblais de 6 à 7 mètres, et sur le reste de la ligne leur hauteur est réduite à 3 mètres. La plus forte pente ne dépasse pas 3 millimètres par mètre; les rayons des courbes sont généralement de 2000 mètres. La disposition du terrain a exigé peu de travaux d'art importants.

Les stations sont au nombre de 30, en comptant les deux points extrêmes; les principales sont celles de Strasbourg, Schelestadt, Colmar, Mulhouse et Bâle; à Saint-Louis, on quitte la France pour entrer dans le canton de Bâle. A Strasbourg, aussi bien qu'à Bâle, le chemin traverse les fortifications, et pénètre dans l'intérieur de la ville.

Par décret du 25 février 1852, la compagnie de Strasbourg à Bâle a obtenu la concession d'un prolongement vers la frontière bavaroise, qui, empruntant la ligne de Paris à Strasbourg depuis cette dernière ville jusqu'aux environs de Vendenheim, s'en détache à ce point et se dirige vers Wissembourg.

A propos de cette concession, la compagnie a obtenu de l'État une subvention de 3 millions, l'autorisation d'emprunter 12 millions, sous la garantie de l'État, et une révision du contrat de prêt intervenu entre elle et le Trésor en vertu de la loi du 15 juillet 1840. Par suite, la situation de la compagnie, qui était difficile avant 1852, est devenue assurée, et les actionnaires ont l'espoir fondé de voir s'augmenter notablement leurs revenus.

En 1849, le dividende par action a été de 7 fr. 25 c.; en 1850, de 9 fr.; en 1851, de 11 fr. 50 c.; en 1852, de 14 fr. Cette augmentation, due surtout à l'ouverture de la ligne de Paris à Strasbourg se maintiendra, et s'accroîtra même dans l'avenir probablement.

Indépendamment de l'exploitation de sa ligne, la compagnie de Strasbourg à Bâle est chargée, depuis le 15 août 1844, de l'exploitation du chemin de Mulhouse à Thann, moyennant un prélèvement d'abord fixé à 40 pour 100 sur le produit brut des recettes, mais converti depuis 1850 en une annuité fixe de 55 000 fr.

On construit en ce moment, avec la plus grande activité, et sous la direction de M. de Regel, comme ingénieur en chef, le prolongement de la ligne de Strasbourg sur Wissembourg, et de là sur Mayence; ce qui permettra de réaliser une grande économie de parcours par rapport à celui des chemins allemands, et assurera au chemin de Bâle une augmentation notable de produits.

Il a été un instant question du chemin de fer de Thann à Nancy, qui abrégerait de 110 kilomètres la distance entre Bâle et Paris par Strasbourg; mais ce projet a bientôt fait place au projet du chemin de fer de Mulhouse à Besançon qui se relierait au chemin de Bâle, et formerait ainsi un tronçon de la ligne de l'Océan et de la Méditerranée au Rhin.

IV.

CHEMIN DE FER DE DIJON A BESANÇON, AVEC EMBRANCHEMENT SUR GRAY.

(127 kilomètres.)

Concédé le 24 février 1852. — Durée de la concession : 99 ans.

Administration, rue Basse-du-Rempart, 52.

CONSEIL D'ADMINISTRATION.

MM. CALLEY SAINT-PAUL, président, rue Basse-du-Rempart.
BRETILLOT, vice-président à Besançon.
GIROD (de l'Ain), rue de la Ferme-des-Mathurins, 19.
LIPPMAN, place Saint-Georges, 28.
OUTHENIN CHALANDRE, à Besançon.
PALOTTE, rue de la Chaussée-d'Antin.
DE VAULCHIER, à Besançon.
WEIL PICARD, à Besançon.
DEVAUX, à Londres,
UZIELLI, à Londres.
HUTCHINSON, à Londres.
CLOSE, à Londres.

M. A. BOUDSOT, ingénieur de la compagnie, à Besançon.

Le chemin de Dijon à Mulhouse, classé par la loi du 11 juin 1842, a été concédé seulement entre Dijon et Besançon, passant par Auxonne et Dôle. Cette concession compose la première section avec embranchement d'Auxonne sur Gray; elle a été faite par décret du 21 février 1852, aux conditions suivantes :

Garantie d'intérêt et d'amortissement à 5 pour 100, pendant 50 ans, sur un emprunt de 5 500 000 fr.

Garantie d'intérêt à 4 pour 100 sur un capital de 16 600 000 fr. à fournir en actions.

C'est une annexe du chemin de fer de Lyon, aussi bien qu'un embranchement de la ligne de l'Est.

Les statuts de la compagnie ont été approuvés par décret du 11 septembre 1852; les travaux sont en voie d'exécution de Dôle à Champvans.

La longueur du chemin à construire de Dijon à Besançon est de 90 kilom , et celle de l'embranchement sur Gray, d'environ 57 kilom., soit ensemble 127 kilomètres.

L'embranchement d'Auxonne sur Gray ouvre le bassin métallurgique de la Haute-Marne aux houilles de la Loire; il se raccorde près de cette dernière ville avec le chemin de Blesme à Gray, qui amènera dans le même bassin les houilles de Saarbruck et celles de Charleroi par une série de voies de fer non interrompues.

La Compagnie aura le droit de se servir, moyennant loyer, de la gare de Dijon et du matériel du chemin de fer de Lyon.

V.

CHEMIN DE FER DE DOLE A SALINS.

(37 kilomètres.)

Durée de la concession : 99 ans.

Siége de la société, rue Miromesnil, 30.

Cet embranchement, concédé à M. Grimaldi, administrateur des salines de l'Est, sur une longueur de 37 kilomètres, n'est pas destiné seulement à desservir l'industrie locale et l'exploitation des forêts ; il est appelé par son prolongement sur les Verrières, et de là sur Neufchâtel, à devenir la route la plus directe entre le Havre, Paris et la Suisse. On s'occupe déjà avec ardeur dans ce dernier pays du chemin de Neuchâtel aux Verrières, et de celui de Neufchâtel à Yverdun, point où vient aboutir le chemin concédé de Morges et de Lauzanne, sur le lac de Genève.

La concession du chemin de Dôle à Salins est faite pour quatre-vingt-dix-neuf ans avec une garantie d'intérêt de 4 p. 100 sur un capital de 7 millions.

LIGNES
DE PARIS A LA MÉDITERRANÉE.

———

Ce réseau comprend la ligne de Paris à Lyon, le chemin de fer de Montereau à Troyes, la petite ligne de Provins aux Ormes, et le chemin de fer de Lyon à la Méditerranée.

Établissement et modifications successives des compagnies de Paris à la Méditerranée.

Dans le système de fractionnement adopté à l'origine des chemins de fer en.France, la ligne de Paris à Marseille devait être formée de trois sections : Paris à Lyon, Lyon à Avignon, Avignon à Marseille, concédées à autant de compagnies distinctes.

Ces concessions eurent lieu, d'abord pour Avignon à Marseille en 1842, ensuite pour Paris à Lyon en 1845, et enfin pour Lyon à Avignon en 1846. L'importance des erreurs commises dans la rédaction des devis primitifs compromit la situation financière de la première compagnie, celle de Marseille, entraîna la liquidation de la seconde, celle de Lyon, et la reprise par l'État de ses travaux commencés, qui lui furent payés en rentes; enfin, elle fit prononcer la déchéance contre la troisième.

La première compagnie concessionnaire de la tête nord de la ligne avait attaqué les travaux sur tous les points les plus importants, entre Paris et Châlons, avec une grande vigueur : trois ponts sur la Marne, sur la Seine et sur l'Yonne; les viaducs de Brunoy, de Moret étaient à peu près terminés; le souterrain de Blaizy, l'ouvrage le plus considérable et le plus difficile, était commencé, lorsque survint la crise financière déterminée par la constatation d'un imprévu de dépenses égal à la moitié du capital jugé d'abord suffisant. On avisait aux moyens de combler ce déficit, lorsque la révolution de février éclata, et amena peu après le rachat entier de l'entreprise par l'État.

Entre Lyon à Avignon, on n'avait eu que le temps de faire des études et de reconnaître les erreurs commises, lorsque la déchéance fut prononcée. Aucun travail de construction n'était commencé.

Entre Avignon et Marseille, les chantiers fonctionnaient depuis longtemps, mais la difficulté inattendue des travaux était telle et la dépense si considérable qu'on n'avançait qu'avec lenteur.

Du commencement de 1848 à la fin de 1851, on ne put livrer au public, sur toute l'étendue de la grande ligne, que les points suivants :

En 1848, de Melun à Montereau : cette section fut exploitée provisoirement par la compagnie de Montereau à Troyes ;

En 1849, de Paris à Tonnerre et de Dijon à Châlons : ces deux sections furent exploitées par l'État ;

En 1851, de Tonnerre à Dijon, ce qui établit une circulation continue entre Paris et Châlons, sur 383 kilomètres de longueur.

En 1849, la compagnie de Marseille ouvrit un service provisoire, depuis la station du Pas-des-Lanciers, à quelques kilomètres de Marseille, jusqu'à la rive gauche de la Durance ; en 1850, le raccordement, avec Marseille d'une part et avec Avignon de l'autre, fut terminé ; mais ce n'est qu'en 1852 que la communication avec les chemins de la rive droite du Rhône a pu être établie par l'achèvement du grand viaduc du Rhône, l'un des ouvrages les plus importants et les plus considérables que l'on puisse trouver en France.

L'année 1852 a vu résoudre enfin toutes les difficultés qui retardaient depuis si longtemps la communication de Paris avec Marseille par chemin de fer, et assurer l'exécution de la lacune comprise entre Châlon-sur-Saône et Avignon. Le 5 janvier 1852 a eu lieu la concession directe à une compagnie de l'achèvement du chemin de Paris à Lyon ; deux jours auparavant, le 3 janvier, avait eu lieu l'adjudication à une autre compagnie du chemin de Lyon à Avignon ; enfin, le 8 juillet 1852, une loi spéciale fortifiait, en les réunissant, les deux tronçons sud de la grande ligne, entre Lyon et Marseille, et leur adjoignait tous les chemins de la rive droite du Rhône, depuis Alais jusqu'à Cette, par Nîmes et Montpellier.

Nous allons faire suivre cet aperçu général des renseignements de détail sur la constitution des diverses compagnies qui se partagent aujourd'hui la ligne de la Méditerranée.

I.

CHEMIN DE FER DE PARIS A LYON.

(383 kilomètres.)

Concédé le 5 janvier 1852. Durée de la concession à partir du 1ᵉʳ mars 1856 : 99 ans.

Siége de la société, rue de Bercy-Saint-Antoine, 4, à Paris; embarcadère, Place Mazas.

CONSEIL D'ADMINISTRATION.

MM. DASSIER (Auguste), président, rue de la Victoire, 62.
HOTTINGUER (H.), ✳, vice-président, rue Bergère, 17.
ANDRÉ (Ernest), ✳, rue du Faubourg-Poissonnière, 30.
BARING (Francis), place Vendôme, 19.
DUFOUR (Louis), rue Richer, 15.
GALLIERA (duc de), rue d'Astorg, 16.
MALLET (Charles), rue de la Chaussée-d'Antin, 13.
MASTERMANN, à Londres.
MATHIEU (Fr.), rue Saint-Georges, 23
DE MONICAULT, O. ✳, quai Voltaire, 23.
PÉREIRE (Isaac), rue d'Amsterdam, 5.
POISAT, ancien député.
ROTHSCHILD (Gustave de), rue Laffitte, 21.
SCHNEIDER, C. ✳, rue de Provence, 72.
SEILLIÈRE (Baron), rue de Provence, 70.

M. RÉAL (Gustave), ✳, secrétaire général.

MM. JULLIEN (Ad.), C. ✳, inspecteur divisionnaire des ponts et chaussées, directeur.
POIRÉE (Jules), ✳, ingénieur des ponts et chaussées, sous-directeur de l'exploitation.

MM. TRÉFOUEL, chef du contentieux.

VAUTHIER, chef du service commercial.

CHARLET, chef du mouvement.

LECONTE, ingénieur en chef du matériel et de la traction.

DELERUE, ✳, ingénieur en chef des ponts et chaussées, chargé du service de l'entretien et de la surveillance de la voie.

CHAPERON, ✳, ingénieur en chef des ponts et chaussées chargé de la construction du chemin entre Châlons et Lyon.

CENDRIER, ✳, architecte en chef.

ÉTAT FINANCIER.

La concession a été faite à la compagnie aux conditions suivantes :

Achèvement des travaux de Paris à Châlons, exécution des travaux entre Châlons et Lyon et complétement du matériel. Cette dépense est évaluée à.............. 86 millions.

Remboursement à l'État, en quatre ans, d'une somme de............................ 114 millions.

Ensemble.......... 200 millions.

La compagnie est tenue de mettre le chemin en exploitation dans un délai de deux ans pour la section de Châlons à Mâcon, dans un délai de trois ans pour la section de Mâcon à Vaise, et dans un délai de quatre ans pour la section de Vaise à Perrache.

L'État garantit à la compagnie un intérêt de 4 0/0 sur un capital fixe de 200 millions.

Le fonds social est de 200 millions, dont 120 millions en actions de 500 fr., et 80 millions en obligations de 1050 fr. Les versements faits au 7 avril 1853 s'élèvent à 134 568 000 fr., dont 60 000 000 sur les actions.

Les obligations du chemin de fer de Lyon rendent un intérêt de :

5   0/0 à 1063 79   valeur au 1er octobre 1852.
4 3/4 » à 1097 89
4 1/2 » à 1115 10
4 1/4 » à 1196 70
4   » à 1250

Pendant la première année (1852), la Compagnie ne peut distri-

31

buer à ses actionnaires que le quart de ses bénéfices en sus de l'intérêt à 5 0/0.

En 1853, le dividende s'élèvera à la moitié.

En 1854, après l'achèvement de la ligne entre Paris et Vaise, les actionnaires toucheront la totalité.

Les dépenses faites pour cette ligne, avant la concession, étaient de plus de 200 millions, répartis de la manière suivante :

1° de Paris à Tonnerre.........	103 370 604 fr.	39 c.
2° de Tonnerre à Dijon..........	63 958 341	42
3° de Dijon à Châlons..........	24 391 205	91
4° de Châlons à Collonges.......	5 061 564	34
5° de Collonges à Vaise.........	3 537 130	13
Total....	200,318,828 fr.	19 c.

Les dépenses qui restent à faire sont :

de Paris à Châlons	13 000 000 fr.
de Châlons à Collonges.........	24 000 000 fr.
de Collonges à Vaise..........	9 500 000
de Vaise à Perrache.	15 500 000
Total pour les dernières sections....	49 000 000 fr.

Les dépenses pour le ballastage et la pose des voies, ainsi que pour la fourniture des matériaux de la voie et du matériel roulant ont été estimées pour la section de Châlons à Lyon......... 24 000 000 fr.

En sorte que les dépenses à faire par la compagnie, en y comprenant 114 000 000, prix de la concession, doivent être estimées à la somme de 200 000 000, sur lesquelles des économies seront certainement réalisées.

La longueur du tracé entre Paris et Châlons-sur-Saône est de 383 kilomètres; entre Châlons et la gare de Perrache, elle sera de 134 kilom. En sorte que la longueur de la ligne entière, entre Paris et la gare de Perrache, sera de 514 kilom.

Les produits du chemin de Paris à Lyon, pendant les dix premiers mois de l'exploitation par la compagnie, du 1er mars au 31 décembre 1852, se sont élevés, savoir:

Pour les voyageurs à............................ 9 108 528 fr. 53 c.

Pour les marchandises à grande vitesse et les excédants de bagage à................. 1 441 565 50

Pour les marchandises à petite vitesse, les chevaux, les voitures, les bestiaux et les recettes diverses à.......................... 5 135 852 29

Total des produits des dix mois. ... 15 685 946 fr. 32 c.

Si l'on ajoute les recettes faites par l'État pendant les deux premiers mois (janvier et février) 1852, et s'élevant à............... 2 210 270 51

On trouve que les produits de la ligne, pour la section de Paris à Châlons, se sont élevés, pendant l'année 1852, à...................... 17 896 216 fr. 83 c.

Les dépenses de l'exploitation pour les deux premiers mois (janvier et février) 1852 ont été de .... 903 304 fr. 88 c.

Celles des dix mois suivants, du 1er mars au 31 décembre 1852, ont été de ... 5 289 095 09 } 6 192 399 fr. 97 c.

Les recettes nettes de l'exploitation pendant l'année entière 1852 se sont donc élevées à... 11 703 816 fr. 86 c. en laissant en dehors les dépenses de l'administration centrale et les produits des placements de fonds.

La recette brute, par kilomètre, pour la section de Paris à Châlons, de 383 kilomètres, est donc approximativement de........... 46 726 fr.

Si de la recette nette de l'exploitation... 11 703 816 fr. 86 c. nous retranchions les dépenses d'administration et autres, s'élevant à........ .... 713 206 fr. 05 c.

Il resterait un excédant de............... 10 990 610 fr. 81 c.

Mais ce n'est pas ainsi que le compte a été présenté aux actionnaires; on n'a fait mention que de l'exploitation des dix derniers mois, du 1er mars au 31 décembre 1852, et les chiffres sont les suivants :

Recettes totales..........................	15 685 946 fr. 32 c.
Impôt du dixième sur le prix des places des voyageurs	318 948 12
Reste	15 366 998 fr. 20 c.
Dépenses de toute nature................	5 289 095 09
Reste net...................	10 077 903 fr. 11 c.
Produits des placements de fonds.........	2 477 161 23
Recettes nettes........................	12 555 064 fr. 34 c.

Sur cette somme la compagnie a eu à payer :

1° A l'État, la part afférente à l'exercice 1852 des intérêts dus sur le prix de la concession, soit..................... 1 599 305 fr. 55

2° Aux porteurs d'obligations l'intérêt des sommes versées à raison de 25 fr. par obligation. 1 704 000   00

3° Au trésor pour timbre..   70 200   00

     Ensemble......... 3 373 505 fr. 55

Il restera donc en définitive pour le bénéfice net de l'entreprise, à la fin de 1852, une somme de 12 555 064 fr. 34 c. moins 3 373 505 fr. 55 ou.   9 181 558 fr. 79 c.

Sur ce bénéfice, la compagnie a payé aux actionnaires, pour premier coupon de dividende, au 1er janvier 1853, 8 fr. 75 c. par action, représentant l'intérêt à 5 % des fonds versés sur chaque action, soit pour 240 000 actions   2 100 000

Et le dividende total à répartir entre les actionnaires en sus des intérêts de fonds versés serait donc de.........................   7 081 558   79

si le cahier des charges permettait de disposer de cette somme entière ; mais il n'autorise à répartir entre les actionnaires pendant la première année de l'exploitation que le quart de cet excédant, soit par conséquent, en nombre rond............................   1 860 000   00

Soit exactement 7 fr. 75 c. par action, qui seront payés aux actionnaires au 1er juillet 1853, en même temps que les intérêts de 6 fr. 25 c. par action du premier semestre 1853.

Il y aura ainsi à reporter au compte profits et pertes de l'exercice de 1853 les 3/4 non distribués du bénéfice net réalisé sur l'exercice de 1852, en sus de l'intérêt des fonds versés sur les actions; soit une somme de 5 221 558 fr. 79 c.

Les résultats probables de l'année 1853 seront les suivants:

Les trois premiers mois ont donné, déduc-
tion faite du droit du dixième............ 4 082 809 fr. 64 c.
Les trois premiers mois correspondants
de 1852 n'avaient produit que............ 3 410 693   96
                        Augmentation.............. 672 115 fr. 68 c.

Soit 19, 71 p. 0/0.

En adoptant cette proportion, la recette brute de 1853 sera de 20 974 099 fr. 56 c.

En ne comptant que sur 20 000 000 fr., on arriverait aux résultats suivants:

Recette brute de 1853................. 20 000 000 fr. 00 c.
Dépense probable 35 p. 0/0........... 7 000 000   00
                    Reste net................. 13 000 000 fr. 00 c.
Ajoutons: Somme laissée en réserve de
            l'exercice précédent........ 5 221 558   79
          Placements de fonds........ 2 660 000   00
        Produits nets probables.......... 20 884 558 fr. 79 c.

A payer:
    à l'État......... 1 919 166 fr. 90 c.
    aux obligations... 3 408 000   00
    au Trésor et tim-
    bre........... 110 100   00   } 8 437 566   90
    aux actionnaires,
    intérêts 5 p. 0/0. 3 000 000   00

Le bénéfice à répartir serait donc de..... 12 443 991 fr. 89 c.
et en prenant moitié, conformément au cahier
des charges, soit.................. 6 221 995   94

on aura à répartir par action un dividende d'environ 26 fr., qui, ajouté aux 12 fr. 50 c. pour intérêts, représente une somme totale de 38 fr. 50 c. en intérêts et dividende ; et il restera encore à répartir à l'exercice suivant une somme égale de 6 221 995 fr. 94 c.

Il est probable que, pour l'exercice de 1853, les intérêts et dividendes atteindront la somme de 50 fr. par action.

L'état d'avancement des travaux permet d'espérer l'ouverture de la section entière de Paris à Vaise pour le printemps de 1854. La compagnie devancerait ainsi d'un an l'époque de l'entrée en jouissance de l'intégralité de ses bénéfices.

Détails sur la construction.

Entre tous les ouvrages d'art, si nombreux sur le chemin de Lyon, le plus considérable, celui qui a exigé la plus grande dépense de temps et d'argent, est le souterrain de Blaisy, à 26 kilom. de Dijon.

Sa longueur totale est de 4100 mètres, sa largeur de 8 mètres, et sa hauteur à la clef de 7 mètres 50 cent. Ce travail a coûté un peu moins de 10 millions. C'est, avec le souterrain de la Nerthe aux abords de Marseille, le plus grand ouvrage de ce genre qu'on ait fait en France.

En dehors de cette construction, que l'on doit considérer comme étant tout à fait hors ligne, il faut mentionner :

1° Les deux ponts de la Marne, à Charenton, dont les arches sont en fonte ; 2° les deux viaducs de Brunoy, pour la double traversée de la vallée d'Yères : l'un ayant 119 mètres de longueur, l'autre 375, ensemble 494 mètres ; hauteur de 18 et 22 mètres ; 3° le pont du Mée, sur la Seine, avant Melun : hauteur 22 mètres au-dessus de l'étiage ; 4° les viaducs de Fontainebleau et de Moret, ayant l'un 385 et l'autre 509 mètres de longueur et 20 mètres de hauteur ; 5° six viaducs entre le souterrain de Blaisy et Dijon, avec des hauteurs variant de 17 à 44 mètres. Deux de ces viaducs ont deux étages d'arcades. On compte sur la ligne, entre Tonnerre et Dijon, dix souterrains et un grand nombre de ponts pour la traversée des rivières de l'Yonne, l'Armançon, la Brenne, le canal de Bourgogne, etc.

Depuis Châlons jusqu'à Anse, le chemin de fer de Lyon longe à peu près la route n° 6, la traverse neuf fois, tantôt en dessus, tantôt en dessous ; à partir d'Anse, il se maintient dans la vallée de la

Saône, sur la rive droite de cette rivière, au pied des coteaux qui bordent son cours, jusqu'à Vaise. A 1700 mètres environ après la sortie de la gare de Vaise, la ligne entre en souterrain sous le coteau de Fourvières ou de Saint-Irénée, à une profondeur maximum d'environ 100 mètres, et se maintient ainsi en souterrain sur 2025 mètres de longueur en ligne droite; à sa sortie du souterrain de Saint-Irénée, le tracé traverse la Saône sur un pont de pierre, composé de quatre arches en anses de panier, de 27 mètres d'ouverture chacune, et il entre dans la gare de Perrache, à 100 mètres environ du quai de la rive gauche de la Saône.

De Paris à Châlons, on monte en tout de 141 mètres 25 cent.; de Châlons à Lyon, on descend de 5 mètres 70 cent.

Les gares à établir à partir de Châlons seront les suivantes :

Châlons-sur-Saône — Sennecey-le-Grand — Tournus — Fleurville ou *Pont-de-Vaux — Mâcon — Crêches — Ponténevaux — Romonèche — Belleville — Saint-Georges — Villefranche — Trévoux — Villevert* ou *Neuville — Vaise — Perrache.*

Les ouvrages d'art sont les suivants :

Entre Châlons et Sennecey,

1° Le pont en maçonnerie de la *Thalie;* trois arches en plein-cintre, de 10 mètres d'ouverture chacune;

2° Le pont de la *Corne;* deux arches plein-cintre, 10 mètres;

3° Les ponts de la vallée de la *Grande-Grosne,* au nombre de six, présentant ensemble un débouché linéaire de 100 mètres de longueur;

Entre Sennecey et Tournus,

4° Le pont de la *Natouze;* une arche en plein-cintre, 10 mètres d'ouverture ;

Entre Tournus et Mâcon,

5° Le pont de la *Mouge;* deux arches en anses de panier, 10 mètres;

Entre Mâcon et Villefranche, il y a cinq ponts et un viaduc; les arches des quatre premiers ont 10 mètres d'ouverture. Ce sont :

6° Le pont de la *Petite-Grosne;* deux arches en anse de panier;

7° Le pont de l'*Arlois;* une seule arche plein-cintre;

8° Le pont de la *Mauvaise;* trois arches plein-cintre;

9° Le pont de l'*Ardières;* trois arches plein-cintre;

10° Le pont de la *Vauxonne;* une seule arche en anse de panier;

11° Le viaduc de *Villefranche*, neuf arches en plein-cintre, de 12 mètres d'ouverture chacune;

Entre Villefranche et Collonges,

12° Le pont de *l'Azergues*; quatre arches en anses de panier, de 15 mètres d'ouverture chacune;

13° Le souterrain de la *Pelonnière*, de 160 mètres de longueur.

Renseignements sur l'exploitation.

Le matériel roulant du chemin de fer de Paris à Lyon présente les chiffres suivants :

	En service.	Commandé.
Machines locomotives.....................	125	42
Tenders............................	125	42
Voitures à voyageurs.................	264	79

dont une voiture-salon exceptionnelle ;

54 diligences de 1re classe ;		
96 — de 2e classe ;		
12 — mixtes ;		
101 — de 3e classe.		

Fourgons à bagages à six roues.........	46	25
Wagons à marchandises...............	1828	600
Wagons à ballast....................	200	

Le matériel de Lyon est lourd, en général, mais il est très-remarquable au point de vue de la construction, et fait beaucoup d'honneur à M. A. Barrault. Ce matériel est d'ailleurs parfaitement en rapport avec les dimensions des rails, car c'est sur ce chemin que sont les rails les plus lourds. Ils pèsent 38 kilog. par mètre courant.

Nous allons donner en terminant quelques détails statistiques sur les résultats de l'exploitation pendant l'année 1852, depuis le 1er janvier jusqu'au 31 décembre.

Les machines à voyageurs ont parcouru.....	1 956 514 kilom.
Les machines à marchandises ont parcouru..	930 809
Parcours total des machines..........	2 887 323
Les trains de voyageurs.................	1 925 986
Les trains de marchandises..............	880 776
	2 806 762 kilom.

Les recettes de l'exploitation pour l'année 1852 se sont réparties de la manière suivante :

RECETTES.	TOTALES.	Par kilomètre de longueur de chemin.	Pour 100.
	fr. c.	fr. c.	
Voyageurs....................	9 842 736 31	25 699 05	56,1
Marchandises à grande vitesse..	1 679 469	4 385 04	9,6
Marchandises à petite vitesse...	5 682 085 50	14 835 73	32,4
Voitures, chevaux et bestiaux...	203 215 80	530 59	1,2
Recettes diverses.............	125 518 30	327 72	0,7
Recettes totales, par kilomètre de longueur de chemin et pour 100...................	17 533 024 91	45 778 13	100

DÉPENSES.	TOTALES.	Par kilomètre de longueur de chemin.	Pour 100.
	fr. c.	fr. c.	
1° Administration centrale et direction	388 022 95	1 013 11	6,3
2° Mouvement et service commercial....................	1 778 448 14	4 643 47	28,7
3° Matériel et traction.........	2 966 955 87	7 746 62	47,9
4° Entretien et surveillance de la voie....................	1 058 978 01	2 764 94	17,1
Dépenses totales, par kilomètre et pour 100...............	6 192 404 97	16 168 14	100

On voit que le rapport de la dépense à la recette brute de l'exploitation pour l'année 1852 a été de 35 p. 0/0.

La recette moyenne d'un train de voyageurs, par kilomètre de parcours, est de....................... 5 fr. 98 c.

La recette moyenne d'un train de marchandises, de.. 6   68

Moyenne des deux recettes............. 6 fr. 20 2 c.

La dépense moyenne, par kilomètre parcouru, se répartit de la manière suivante :

1° Administration centrale et direction..	0	138
2° Mouvement, service commercial.....	0	634
3° Matériel et traction................	1	057
4° Entretien et surveillance de la voie...	0	377

2 206

En sorte que la recette nette (voyageurs et marchandises), par kilomètre parcouru, est de............. 3 996

Tels sont les chiffres principaux que fournit le dernier exercice de cette ligne de chemin de fer, qui a fait concevoir, dès l'origine, de si grandes espérances; qui a amené tant de déceptions; qui a eu, jusqu'en 1852, une existence si tourmentée, et qui semble maintenant destinée à remplir une carrière de richesse et de prospérité.

II.

CHEMIN DE FER DE MONTEREAU A TROYES.

(100 kilomètres.)

Concédé le 29 mai 1845; — inauguré le 10 avril 1848; —durée de la concession, en vertu d'un décret du 27 mars 1852, 99 ans.

Siége de la Société, rue d'Antin, 11, à Paris.

CONSEIL D'ADMINISTRATION.

MM. PAVÉE DE VANDEUVRE (baron), président, O. ✳, rue Neuve-des-Mathurins, 24.

D'HARCOURT (duc), O. ✳, vice-président, rue Vanneau, 5.

DUFEU (G.), ✳, secrétaire, rue Neuve-des-Mathurins, 6.

DEMEUFVE, ✳, rue Duphot, 17.

DE SAINT-DIDIER (baron), ✳, rue de la Ville-l'Évêque, 17.

GAILLARD, ✳, rue des Martyrs, 27.

THOUREAU, ✳, rue du Faubourg-Poissonnière, 121.
TRUELLE, O. ✳, rue Neuve-des-Mathurins, 36.
VAUTHIER, à Troyes.
M. DENIEL, ingénieur directeur de l'exploitation, rue d'Antin, 14.
M. GOBIN, chef du secrétariat général et du contentieux, rue d'Antin, 14.

———

Cette petite ligne, de 100 kilomètres de longueur, s'embranche à Montereau sur le chemin de fer de Lyon, et est une dépendance naturelle de cette grande artère. Bien qu'ayant conservé jusqu'ici une existence spéciale, elle est appelée tôt ou tard à se fondre soit avec la ligne allant vers l'est, soit avec la compagnie de Lyon; nous devons donc en parler ici.

Le chemin de Montereau avait été concédé pour soixante-quinze ans et devait coûter 20 millions; les dépenses ont excédé les prévisions de 2 millions environ.

Aujourd'hui, par suite d'un décret du 27 mars 1852, l'entreprise a vu disparaître ses principaux embarras, en ce sens qu'elle a pu emprunter pour solder ses dettes; et la concession a été prorogée pour une durée de 99 ans, de manière à faire coïncider l'expiration de la concession de Montereau avec celle de la ligne de Lyon.

Les actionnaires n'ont touché aucun dividende depuis l'ouverture du chemin, en avril 1848.

Le chemin est établi sur une seule voie, avec des gares d'évitement en quantité suffisante; il a été construit à forfait par MM. Séguin frères, ingénieurs civils à Paris, qui y ont apporté le soin et le talent auxquels tout le monde a rendu justice.

Les terrains sur une longueur importante sont de niveau, en sorte que les travaux d'art sont peu nombreux. Les ponts en fonte, au nombre de trois, tant sur la Seine que sur l'Yonne, sont des modèles de légèreté et d'élégance.

Si ce chemin est prolongé plus tard de Troyes à Chaumont, il viendra rencontrer le chemin de fer de Saint-Dizier et Blesmes à Gray, servira de jonction aux deux chemins de fer de Lyon et de Strasbourg, et pourra devenir la route la plus courte du Havre à Mulhouse, en supposant qu'on exécute le chemin depuis longtemps projeté de Langres à Mulhouse.

Renseignements sur l'exploitation.

L'ouverture de ce chemin a eu lieu le 10 avril 1848.

En 1848, la recette a été pour neuf mois de.   423 866 fr. 05 c.

En 1849, de.........   907 585 fr. 50 c.

De Melun à Montereau.   187 730   65

     Ensemble.......   1 095 316   15   1 095 316 fr. 15 c.

En 1850...................................   1 251 370   65

En 1851...................................   1 208 296   55

En 1852...................................   1 266 063   70

Les dépenses en 1848 ont été, pour les 266 jours d'exploitation, de   584 688 fr. 94 c.

Les dépenses de 1849 ont   été de   952 551 fr. 00 c.

—   de 1850, de   839 692   13

—   de 1851, de   755 399   53

—   de 1852, de   719 954   37

Les détails de l'exploitation du chemin de Montereau à Troyes pour l'année 1852, comparés aux chiffres de 1851, sont les suivants :

RECETTES DE 1851.

Voyageurs, 170 067......................   514 270 fr. 21 c.

Messageries, 1 980 418 kilogr.............   77 591   35

Marchandises, 76 903 tonnes.............   523 249   20

Chevaux et voitures.....................   5 828   00

Bétail, 8728...........................   7 438   80

Dépêches..............................   54 750   00

     Ensemble......................   1 128 127 fr. 57 c.

A déduire impôts et fausses taxes.........   26 168   99

     Reste produit net de 1851...........   1 186 357 fr. 78 c.

RECETTES DE 1852.

Voyageurs, 179 100......................   525 668 fr. 89 c.

Messageries, 2 139 700 kilogr.............   90 300   60

Marchandises, 99 463 tonnes..............   535 420   13

Chevaux et voitures.....................   5 607   55

Bétail, 32 303...........................   23 633   30

Dépêches..............................   54 900   00

     Ensemble ....   1 235 231 fr. 45 c.

DÉPENSES DE 1851 ET DE 1852.

	1851.	1852.
Frais généraux	76 035 fr. 26 c.	93 063 fr. 90 c.
Personnel	352 064 53	367 570 47
Matières employées......	142 110 24	137 630 96
Entretien du matériel du chemin de fer et de ses dépendances.............	185 192 50	121 689 04
Total................	755 399 fr. 53	719 954 fr. 32

L'excédant des produits sur les frais a été toujours en augmentant depuis 1850 :

Ainsi en 1849 l'excédant était de..........	91 403 fr. 12 c.
en 1850, de.....................	389 600 57
en 1851, de.....................	430 958 25
en 1852, de.....................	519 255 32

Ce revenu est donc suffisant pour assurer le service complet de l'emprunt que la compagnie a contracté sous la garantie de l'État; les produits seraient beaucoup plus considérables si le chemin était exploité par une grande ligne, qui n'aurait pas plus de 40 à 45 pour 100 de frais au lieu de 58 pour 100.

Les dépenses par kilomètre parcouru sont :

Pour 1849, de...	2 fr. 65 c.
Pour 1850, de...	2 51
Pour 1851, de. .	2 20
Pour 1852, de...	2 01

qui se répartissent de la manière suivante :

	1849.	1850.	1851.	1852.
Frais généraux d'exploitation.......	0 fr. 32 c.	0 fr. 26 c.	0 fr. 23 c.	1 fr. 26 c.
Personnel........	1 07	1 11	1 02	1 03
Matières employées.	0 58	0 55	0 41	0 38
Entretien du matériel, de la voie, etc	0 68	0 59	0 54	0 34
	2 fr. 65 c.	2 fr. 51 c.	2 fr. 20 c.	2 fr. 01 c.

La consommation moyenne de coke par kilomètre parcouru par les machines, y compris l'allumage et la réserve, a été, en 1852, de .... 6 kil. 533

Par kilomètre de train de.................... 6   587

Le produit moyen d'un train effectuant un kilomètre a été de.................................... 3 fr. 453

La dépense moyenne du même train, de....... 2   0124

Le rapport de la dépense nette à la recette nette, 58,28 pour 100.

Quelques changements ont eu lieu dans la position financière de cette compagnie dans l'année 1852, comme nous l'avons annoncé.

Le décret du 27 mars 1852 a décidé que la durée de la concession du chemin de fer d'embranchement de Montereau à Troyes, fixée par l'ordonnance du 25 janvier 1845 à soixante-quinze années, serait portée à quatre-vingt-dix-neuf années, à partir du 5 janvier 1856, jour où le chemin de fer de Paris à Lyon sera mis en exploitation dans toute son étendue.

En outre, ce décret a autorisé la compagnie à transporter sur un nouvel emprunt de 2 millions le privilége de premier ordre affecté à celui qui venait à échéance le 15 mai 1853, et à consentir pour sûreté d'un nouvel emprunt jusqu'à concurrence de 1 300 000 fr. toutes antériorités sur la créance qui résulte pour l'État du prêt de 3 millions réalisé en exécution de la loi du 7 août 1847.

Ainsi, la compagnie a pu contracter un emprunt de 3 300 000 fr. avec privilége sur tout son actif.

Cet emprunt a été divisé en obligations de 1000 fr., produisant un intérêt de 5 pour 100 payable par semestre;

Remboursables en soixante-quinze ans, à partir du 1er juillet 1853.

Les obligations ont été émises à 975 fr. chacune, et stipulées remboursables à 1250 fr. par amortissement annuel. Chaque obligation produit un intérêt de 50 fr. par an, payable par semestre, le 1er janvier et le 1er juillet de chaque année.

Grâce à cet emprunt, la marche de la compagnie du chemin de fer de Montereau à Troyes est assurée; les actions, qui pendant longtemps étaient restées au taux de 100 fr., sont remontées à 295 fr., et aujourd'hui qu'il est sérieusement question de la ligne directe de Paris à Mulhouse, les actions, remboursables, dit-on, à 500 fr., sont montées jusqu'au taux de 460 fr.

III.

CHEMIN DE FER DE PROVINS AUX ORMES.

Concédé le 27 juillet 1852 ; — durée de la concession , 99 ans.

Siége de la Société, rue Richelieu, 85.

Sur le chemin de fer de Montereau à Troyes vient se raccorder un petit embranchement partant de la station des Ormes et allant à Provins ; cet embranchement, destiné à être prolongé plus tard jusqu'à Épernay sur le chemin de Strasbourg, a été concédé par décret du 27 juillet 1852 à M. Lauzier de Rouville.

Cette entreprise peut servir de modèle à toutes les villes qui, laissées en dehors du réseau des grandes lignes, voudront s'y raccorder par le moyen de chemins de fer construits à bon marché.

IV.

CHEMIN DE FER DE LYON A LA MEDITERRANÉE.

(617 kilomètres concédés : 271 en exploitation.)

Concédé à la nouvelle compagnie le 3 janvier 1852 ; — expiration de la concession, le 3 avril 1954.

Siége de la Société, rue Taitbout, 18.

CONSEIL D'ADMINISTRATION.

MM. DUMON, ancien ministre, C. ✻, président, rue de la Ferme-des-Mathurins, 15.

BENOIST D'AZY (vicomte), ✻, vice-président, rue de Grenelle-Saint-Germain, 86.

BARTHOLONY, ✻, rue de La Rochefoucauld, 12.

BLOUNT, ✷, rue Basse-du-Rempart, 46.
DROUILLARD, ✷, rue de Grammont, 21.
ENFANTIN, rue de la Victoire, 44.
DE GRANDEFFE (comte), ✷, rue Saint-Honoré, 371.
HELY D'OISSEL ✷, rue d'Anjou, 32.
HOCHET (J.), ✷, rue de Lille, 95.
MARTIN (E.), O. ✷, rue Chaptal, 12.
PARENT, rue Louis-le-Grand, 37.
PÉRIGNON, ✷, rue de Grammont, 17.
REVENAZ ✷, rue du Sentier, 45.
REY DE FORESTA, rue d'Isly, 3.
RICHARD-LAMARCHE, à Liége.
SCHAKEN, rue Louis-le-Grand, 37.
SIMÉON (comte), C. ✷, rue de Provence, 68.
SIMONS (E.), ✷, rue Saint-Honoré, 374.
TEISSERENC, ✷, rue Casimir-Perrier, 6.
TERRET, à Lyon, rue du Pérat, 20.
UZIELLI (Mathieu), à Londres.
WEST (Gérard), rue Bergère, 29.

EXPLOITATION.

Directeur général, M. PAULIN TALABOT, ✷, ingénieur en chef des
ponts et chaussées.

Ingénieur en chef des travaux, M. THIRION, ✷,   id.   id.

Secrétaire général, M. DE NOUE, O. ✷.

Secrétaire du conseil, M. BROET, ✷.

Directeur de l'exploitation, M. AUDIBERT, ✷, ingénieur des
mines.

Établissement et modifications successives de la Compagnie de Lyon à la Méditerranée.

Après avoir été l'objet d'une première concession malheureuse,
le chemin de Lyon à Avignon a été de nouveau adjugé, le 3 janvier 1852, à la compagnie dont nous venons d'indiquer le conseil
d'administration.

L'adjudication a été faite aux conditions suivantes :

Subvention du trésor .... 49 millions.

Emprunt autorisé et garanti par l'État pour un intérêt 5 p. 100 et pour l'amortissement en 50 ans..   30   »

Le surplus du capital à réunir en actions non garanties par l'État était évalué d'abord à..........   30   »

Ensemble.........   109 millions.

De nouvelles études de détail et des marchés avantageux passés
avec des entrepreneurs généraux et des fournisseurs d'une solvabi-
lité parfaite, ont permis de réduire à forfait les dépenses de toute
nature, pour achats de terrains, travaux, construction, matériel,
mobilier, etc., à la somme de 93 250 000 francs, non compris les
frais généraux et les intérêts à servir pendant la construction, ce
qui pourra élever le coût total, au *maximum*, du chemin de Lyon à
Avignon, à 98 millions, laissât ainsi, sur le capital placé par la
compagnie, un excédant disponible de 11 millions, si la loi du
8 juillet 1852 n'avait donné un emploi fructueux à cette importante
économie.

Aux termes de cette loi, la compagnie spéciale de Lyon à Avignon devient la compagnie générale de *Lyon à la Méditerranée*, et
réunit sous sa direction :

Le chemin de Lyon à Avignon, en construction, de.   230 kilom.

Le chemin d'Avignon à Marseille, en exploitation,
de   125   »

Le chemin de Marseille à Toulon, à construire, de..   65   »

Un embranchement de Rognac à Aix, à construire,
de   24   »

Les chemins du Gard : d'Alais à Beaucaire, de.....   74   »

De Beaucaire à Nîmes, en exploitation, de........   19   »

De Nîmes à Montpellier, en exploitation, de......   52   »

Le chemin de Montpellier à Cette, en exploitation,
de   28   »

Total............   647 kilom.

État financier et produits probables de l'exploitation.

La dépense totale d'achèvement de ceux de ces chemins qui sont déjà construits, et les frais d'établissement de ceux qui sont à construire, s'élèvent ensemble aux sommes suivantes :

Chemin de Lyon à Avignon, par traité.......	93 250 000	»
Chemin de Marseille à Toulon et embranchement d'Aix............................	15 000 000	»
Somme à verser à l'État pour compensation...	9 700 000	»
Achèvement et mise en état des chemins de la rive droite..........................	3 000 000	»
Frais généraux, intérêts, sommes à valoir....	5 050 000	»
Ensemble.......	126 000 000	»

Les ressources disponibles pour couvrir cette dépense se composent des sommes suivantes :

Subvention de l'État.......................	49 000 000	»
Subvention de la ville d'Aix...............	1 000 000	»
Total des subventions........	50 000 000	»
Emprunt de 30 millions garanti par l'État à 5 p. 100 avec amortissement en 50 ans, placé au-dessus du pair...........................	31 000 000	»
Capital en actions déjà créées du chemin d'Avignon..................................	30 000 000	»
Actions réservées au pair, aux porteurs d'actions de Marseille, à raison d'une action nouvelle pour deux anciennes........................	10 000 000	»
Soulte ou différence à fournir par les actionnaires de Marseille pour obtenir tout de suite un revenu fixe de 25 francs au lieu d'un revenu progressif de 15 à 25 francs en treize ans......	2 700 000	»
Reste à réaliser par voie de placement d'actions	2 300 000	»
Somme égale.......	126 000 000	»

Le prix de rachat des lignes anciennement concédées se compose de rentes fixes pour deux des entreprises réunies et de rentes variables pour les deux autres.

Le chemin de *Marseille à Avignon*, qui a donné 3 555 000 francs de produit en 1851 et qui, en 1852, a réalisé une recette de 4 200 000 francs, est racheté moyennant une rente variable fixée ainsi qu'il suit :

Pendant cinq ans, 15 francs par action ancienne au nombre de 40 000, soit . . . . 600 000 »

Pendant sept autres années, 20 francs par action ancienne au nombre de 40 000, soit . . . . 800 000 »

A partir de la treizième année, jusqu'à la fin de la concession, 25 francs par action ancienne au nombre de 40 000, soit . . . . 1 000 000 »

Au lieu de ce revenu variable, qui s'opposerait à la négociation facile des titres, on a offert aux actionnaires de Marseille de leur délivrer immédiatement des obligations produisant 25 francs d'intérêt garanti par l'État, à condition qu'ils tiendront compte de la différence de revenu pendant 12 ans, par un versement en espèces de 65 francs par action. C'est le produit de cette différence qui figure plus haut en recette pour 2 700 000 francs.

La compagnie générale a pris en outre à sa charge le service de l'emprunt de 30 millions contracté par la compagnie de Marseille sous la garantie de l'État; cet emprunt sera converti de manière à faire porter l'amortissement sur toute la durée de la concession, au lieu d'en charger seulement les trente premières années.

En résumé, le prix de rachat du chemin de Marseille se compose :

Du service de l'emprunt en intérêts et amortissement. . . . . 1 514 000 »

Du service des obligations nouvelles remises en échange des actions. . . . . 1 000 000 »

Soit une rente annuelle de . . . . 2 514 000 »

qui n'exige pour être convertie qu'un produit brut annuel de 4 600 000 francs. La recette de 1852 pour une exploitation incomplète, le viaduc du Rhône n'ayant été ouvert que le 17 juillet, sera de 4 200 000 francs; celle de 1853 dépassera la somme nécessaire pour couvrir toutes les charges du prix d'achat et laisser encore un bénéfice.

On a vu plus haut que les actionnaires du chemin de Marseille avaient le droit de souscrire au pair 20 000 actions de la compagnie générale : ces actions faisant une prime, il en résulte un avantage pour les ayants droit, mais non pas une charge pour la compagnie.

Sur la totalité du réseau de 647 kilomètres, 298 sont en exploitation, savoir :

Avignon à Marseille, 125 kilomètres, y compris un embranchement sur le nouveau port de la Joliette, de 3 kilomètres. La ligne comprend un grand nombre d'ouvrages d'art très-importants. Le plus considérable est le souterrain de l'Estaque ou de la Nerthe[1], dont la longueur est de 4.620 mètres. Le viaduc du Rhône et celui de la Durance en sont les dignes pendants.

Viennent ensuite les *chemins du Gard* :

D'Alais à Béaucaire, de	74 kilom.
De Béaucaire à Nîmes, de	49 »
De Nîmes à Montpellier, de	52 »
Ensemble	145 »

qui ont été rachetés également au prix d'une rente variable, dont les accroissements successifs sont éventuels et liés à la fortune de l'entreprise. Ces chemins étaient la propriété absolue, avec jouissance perpétuelle, d'une compagnie houillère qui les avaient établis pour le transport des charbons. En autorisant la fusion, l'État a exigé l'abandon de la perpétuité de la concession, un rabais assez fort sur le tarif des houilles, et, en outre, un rabais sur le prix de la houille que la compagnie charbonnière doit fournir aux divers services publics du port de Toulon en vertu de contrats spéciaux. C'est la compagnie générale qui a dû faire les frais de tous ces avantages stipulés en faveur de l'État, mais elle a obtenu, on le verra tout à l'heure, une compensation précieuse dans l'abandon presque gratuit qui lui a été fait du chemin de Nîmes à Montpellier, qui n'a pas coûté moins de 14 millions au trésor, et dont les produits bruts dépassent un million par an.

La convention passée avec les chemins du Gard donne à cette compagnie le droit de recevoir, aussitôt après la ratification, une annuité de 1 200 000 francs représentée par 30 000 obligations portant 40 francs d'intérêt garanti par l'État pendant 50 ans et remboursables à 1000 francs, dans une période de 99 ans à partir du

---

1. Le souterrain de la Nerthe a coûté 10 459 679 fr.
   Le viaduc du Rhône 4 651 086
   Celui de la Durance 3 618 855
   Celui d'Arles 1 926 318
   La dépense totale des travaux d'établissement de la ligne d'Avignon à Marseille s'élève au chiffre énorme de 86 057 522 fr. 86 c., ou 717 146 fr. par kilomètre. L'État a fourni une subvention de 30 millions.

3 avril 1855. Cette annuité peut s'accroître chaque année de 50 000 francs, représentés par 1250 obligations de même forme et de même nature que les premières, jusqu'au maximum de 1 450 000 francs, mais seulement aux conditions suivantes :

Les 1250 obligations formant le premier supplément d'annuité seront délivrées à la compagnie de la Grand'Combe le 1er juillet 1854, pourvu que le produit net des lignes formant le réseau de la rive droite du Rhône, calculé à 58 p. 100 du produit brut pendant l'exercice précédent, et déduction faite de toutes les charges comprenant les rentes à servir à tous les chemins de la rive droite et leur amortissement, ainsi que les intérêts et l'amortissement des sommes consacrées à l'achèvement des mêmes chemins, soit au moins de 100 000 francs, c'est-à-dire double du supplément ajouté à l'annuité.

Chacun des autres suppléments de 50 000 francs de rente, représentés par 1250 obligations, ne sera exigible qu'autant que le produit net, calculé comme il est dit plus haut, dépassera de 100 000 francs le double du supplément délivré antérieurement.

Grâce à cette combinaison, la compagnie générale est assurée de ne servir aux chemins du Gard l'annuité de 1 450 000 francs qu'autant que le réseau entier de la rive droite lui laissera, déduction faite du montant des rentes à servir à tous les chemins qui le composent, de l'intérêt des dépenses à faire pour l'amélioration des mêmes chemins et de l'amortissement du tout, un bénéfice net annuel d'au moins 250 000 francs, dont profiteront les actions non garanties.

Le produit brut total du chemin du Gard a été,

en 1847, de........ .... 2 615 000 »

Et en 1854, de......................... 2 185 000 »

Nul doute que la réunion en une seule main de tous les chemins de la rive droite et le rétablissement de l'activité industrielle du pays ne permettent de remonter rapidement aux produits de 1847 ; mais il en faut déduire ce que la réduction du tarif des houilles en retranchera, soit 550 000 francs, et il ne restera plus dès lors qu'une recette brute de 2 065 000 francs représentant, à raison de 48 p. 100 de frais, un produit brut de 1 135 750 francs. La compagnie générale serait donc en perte, même pour servir la première annuité de 1 200 000 francs, si l'on ne devait attendre de nouveaux débouchés pour les houilles et les fers du bassin d'Alais, et par suite de nouveaux transports, de l'achèvement complet du réseau sur la rive droite et sur la rive gauche du Rhône. On a vu du reste, plus haut, que toutes les précautions étaient prises contre l'exagération des sacrifices de la compagnie générale, et que la rente de 1 200 000 francs ne devait croître jusqu'à 1 450 000 francs qu'en raison des progrès du réseau lui-même et en laissant des bénéfices nets à l'autre partie de l'entreprise. Une compensation a été en outre assurée à la compagnie ; nous allons la faire connaître.

Le chemin de fer de *Nîmes à Montpellier* a été construit au compte de l'État par M. Didion, alors ingénieur en chef, depuis inspecteur divisionnaire des ponts et chaussées, et maintenant directeur général des chemins de fer d'Orléans et prolongements. Les travaux les plus considérables sont le viaduc de Nîmes, la traversée des fortifications de Montpellier. Ce chemin a coûté 14 millions au trésor ; il était exploité par une compagnie financière dont le bail a été résilié moyennant une rente emphytéotique de 25 000 francs par an, représentée par 625 obligations, portant chacune 40 francs d'intérêt garanti par l'État et remboursables en quatre-vingt-dix-neuf ans. Le produit brut du chemin dépasse un million et laisse net, à raison de 45 p. 100 de frais, un bénéfice de 55 000 francs. En en retranchant l'annuité de 25 000 francs, il reste à la compagnie générale un bénéfice de 525 000 francs, plus que suffisant pour couvrir le déficit des chemins du Gard, même en calculant sur l'annuité complète de 1 450 000 francs.

Le dernier chemin absorbé est celui de *Montpellier à Cette*. La longueur est de 28 kilomètres. Les produits bruts, avec une exploitation incomplète, varient entre 498 000 francs et 659 000 fr. Le prix du rachat est une rente annuelle de 265 000 francs, représentée par 13 050 obligations rapportant 20 francs d'intérêt garanti et remboursables en quatre-vingt-dix-neuf ans. Le service de cette annuité sera couvert par un produit brut de 430 000 francs, inférieur à la recette de 1851 ; tout le surplus et tous les développements de l'avenir constitueront les bénéfices de la compagnie générale, qui exploitera à raison de 45 p. 100, au plus, tandis que les compagnies isolées dépensaient de 60 à 70 p. 100.

En résumé, les charges fixes de la compagnie générale se composent :

Du prix de rachat de la ligne de Marseille, *garanti par l'État*............................... 2 514 000 »

Du prix de rachat du chemin du Gard, *garanti par l'État*, 1 200 000 francs à.................. 1 250 000 »

Du prix de rachat du chemin de Nîmes, *garanti par l'État*............................... 25 000 »

Du prix de rachat du chemin de Cette, *garanti par l'État*............................... 265 000 »

Amortissement............................... 28 000 »

Du service de l'emprunt d'Avignon à Lyon, *garanti par l'État*.............................. 1 650 000 »

Total des charges fixes.......... 5 932 000 »

Le surplus du capital est représenté par 15 millions d'actions se partageant les bénéfices de l'entreprise au delà des charges fixes.

Les produits du réseau entier sont évalués :

Pour la section de Lyon à Avignon, à........ 6 900 000 »

Pour la section d'Avignon à Marseille, à........ 5 000 000 »[1]

Pour la section de Marseille à Toulon, à........ 1 500 000 »

Pour l'embranchement d'Aix.................. 300 000 »

Pour les chemins du Gard.................. 2 200 000 »

Pour le chemin de Montpellier.............. 1 000 000 »

Pour le chemin de Cette .... 650 000 »

Total des recettes.......... 17 550 000 »

A déduire 45 p. 100 de frais.................. 7 897 500 »

Bénéfice.......... 9 652 500 »

Charges fixes .... 5 932 000 »

Reste net.......... 3 720 500 »

Amortissement ou capital et réserve de 5 p. 100. 223 500 »

Intérêt et dividende revenant au capital en actions .... 3 497 000 »

Dès à présent, le produit brut des chemins exploités s'élève :

Pour la rive droite, déduction faite du rabais sur le tarif des houilles, à .... 3 800 000 »

Pour le chemin d'Avignon à Marseille en 1853... 4 700 000 »

Ensemble.......... 8 500 000 »

1. Cependant cette section n'a produit en 1851 que 3 500 000 francs.

En 1854, l'ouverture de la section d'Avignon à Valence augmentera ce produit d'au moins. . . . . . 3 000 000 »

En 1855, la section de Valence à Lyon sera exploitée, et la ligne entière de Paris à Marseille en activité; ce qui élèvera le produit brut d'Avignon à Lyon, au moins à 30 000 francs par kilomètre, ou.. 3.900 000 »

L'embranchement d'Aix sera terminé en 1855 et donnera le produit indiqué plus haut de. . . . . 300 000 »

En 1858, l'embranchement de Toulon sera terminé et complétera le réseau, en y ajoutant son revenu propre de. . . . . 1.500 000 »

Avant l'ouverture du chemin de Toulon, les premières parties de l'entreprise se seront développées, les chemins de la rive droite auront vu croître leurs recettes, le chemin d'Avignon à Lyon, au lieu de 30 000 francs par kilomètre en produira 35 ou 38 000 comme le chemin de Marseille, et la recette totale prévue de 17 millions sera dépassée, suivant toutes les apparences.

LIGNES DE PARIS AU CENTRE
ET A L'OUEST.

Le groupe du centre, qui forme en même temps une importante section de la grande route de la Méditerranée à l'Océan, entre Marseille et Nantes, se compose :

1° Du chemin de fer de Paris à Orléans et de ses prolongements
Sur Roanne, Clermont et Limoges,
Sur Bordeaux,
Sur Nantes,
Sur la Rochelle et Rochefort ;

2° Des chemins de jonction du Rhône à la Loire, jusqu'ici indépendants :

De Roanne à Andrezieux,
D'Andrezieux à Saint-Étienne,
De Saint-Étienne à Givors et Lyon.

(1570 kilomètres, 974 en exploitation.)

Fusion le 27 mars 1852 ; expiration de la concession de toutes les lignes, en vertu du décret de fusion, le 31 décembre 1950.

I.

CHEMIN DE FER D'ORLÉANS ET SES PROLONGEMENTS.

(De Paris à Orléans, 133 kilomètres.)

Concédé le 15 juillet 1840.— Inauguré le 2 mai 1843. — Expiration de la concession, le 31 décembre 1950.

Gare et bureaux, boulevard de l'Hôpital, à Paris.
Administration centrale, Caisse et Bureaux des Actions, rue Drouot, 4.

CONSEIL D'ADMINISTRATION.

MM. BARTHOLONY (François), ✳, président, rue de La Rochefoucauld, 12.

DE GASCQ, G. O. ✳, président de la cour des comptes, vice-président, quai Malaquais, 19.

DE MORNY (comte), G. C. ✳, membre du corps législatif, vice-président, avenue des Champs-Élysées, 15.

DE MOUCHY (duc), ✳, membre du corps législatif, vice-président, rue d'Astorg, 10.

BARRY (J. D.), avenue des Champs-Élysées, 84.

BENAT, ✳, administrateur délégué, rue de la Victoire, 71.

BENOIST D'AZY (Denis, vicomte), ✳, ancien représentant, administrateur délégué, rue de Grenelle-Saint-Germain, 86.

BOURLON, ✳, membre du corps législatif, administrateur des messageries générales, administrateur délégué, rue Pigale, 18.

DE BOUSQUET, ✳, ancien chef de division à l'administration des postes, rue d'Anjou-Saint-Honoré, 17.

CAILLARD (Ed.), administrateur des messageries générales, rue de Lille, 105.

COCHIN (Augustin), docteur en droit, maire-adjoint du xᵉ arrondissement, rue Saint-Guillaume, 23.

DUFEU (Gustave), ✳, administrateur délégué, rue des Mathurins, 6.

DUFOUR (Louis), banquier, rue Richer, 15.

DURAND (Adolphe), banquier, régent de la banque de France, rue Neuve-des-Mathurins, 43.

FOUCHER père, ✳, président honoraire de la compagnie des notaires de Paris, rue de La Rochefoucauld, 12.

- DE FOUGÈRES (G.), ✳, ancien conseiller référendaire à la cour des comptes, administrateur délégué, rue de la Ferme-des-Mathurins, 30.

GLADSTONE, représentant de la compagnie, à Londres.

LACROIX (Albert), administrateur des messageries nationales, rue de l'Arcade, 16.

LAVALLÉE, ✳, directeur de l'École centrale des arts et manufactures, rue des Coutures-Saint-Gervais, 1.

MARC (A.), ✳, ancien directeur de la compagnie, administrateur délégué, rue de Montabor, 6.

DE MONICAULT, ✳, ancien préfet, quai Voltaire, 23.

MONTERNAULT, ancien magistrat, rue Sainte-Anne, 46.

DE RAINNEVILLE (Alph.), ✳, ancien conseiller d'État, rue de Babylone, 53.

DE RICHEMONT (Paul, baron), ✳, membre du corps législatif, administrateur délégué.

DE SÉGUR (Philippe, comte), G. O. ✳, lieutenant général, rue de la Pépinière, 104.

DE WARU (A.), ✳, banquier, rue Drouot, 4.

Secrétaire du conseil, M. PERODEAUD, ✳.

DIRECTION.

M. C. DIDION, O. ✳, inspecteur divisionnaire des ponts et chaussées, directeur.

M. HERMAN (L.), ✳, ingénieur des ponts et chaussées, ingénieur en chef de la compagnie.

Secrétaire général, M. LAURAS, rue Meslay, n° 11.

EXPLOITATION.

MM. SOLACROUP, ingénieur des ponts et chaussées, chef de l'exploitation.

PETIT DE COUPRAY, chef du service commercial.

DE FAVENCOURT, chef d'exploitation d'Angoulême à Bordeaux.

DE CHANCEL, ✳, chef du mouvement de 1re section.

DE FORCEVILLE, ✳, chef du mouvement de 2e section.

LEMERCIER, ingénieur des ponts et chaussées, chargé de la voie, 1re section.

PEPIN LEHALLEUR, ✳, ingénieur chargé de la section d'Orléans
à Bordeaux.

RATEL, sous-ingénieur chargé de la section de Tours à Nantes.

***

SERVICE DE LA TRACTION.

POLONCEAU (C.), ✳, ingénieur entrepreneur de la traction et des
ateliers.

CAILLET, inspecteur principal.

DE BONNEFOY, chargé du service des voitures.

***

Constitution de la grande compagnie fusionnaire.

Jusqu'au décret du 27 mars 1852, qui les a réunies en une seule
entreprise, chacune des lignes suivantes était exploitée par une
compagnie distincte.

1° Le chemin de Paris à Orléans avec embranchement sur Corbeil ;

Paris à Corbeil, 31 kilomètres, ouvert le 20 septembre 1840 ;

Paris à Orléans, 122 kilomètres, ouvert le 1er mai 1843 ;

2° Le chemin du Centre, se dirigeant sur Nevers et Châteauroux,
savoir :

D'Orléans à Bourges, 112 kilomètres, ouvert le 20 juillet 1847 ;

De Vierzon à Châteauroux, 60 kilomètres, ouvert le 15 novembre 1847 ;

De Bourges à Nérondes, 37 kilomètres, ouvert le 20 mai 1849 ;

De Nérondes à Nevers, 33 kilomètres, ouvert le 5 octobre 1850 ;

3° Le chemin d'Orléans à Bordeaux passant par Poitiers ;

D'Orléans à Tours, 115 kilomètres, ouvert le 1er avril 1846 ;

De Tours à Poitiers, 101 kilomètres, ouvert le 5 juillet 1851 ;

De Bordeaux à Angoulême, 135 kilomètres, ouvert le 20 septembre 1852 ;

4° Le chemin de Tours à Nantes ;

De Tours à Saumur, 64 kilomètres, ouvert le 20 décembre 1849 ;

De Saumur à Angers, 44 kilomètres, ouvert le 1er août 1850 ;

D'Angers à Nantes, 88 kilomètres, ouvert le 21 août 1851.

Les motifs d'intérêt public qui ont amené la fusion des quatre lignes sont exposés de la manière suivante, dans le rapport officiel de M. le ministre des travaux publics :

« Deux prolongements des chemins de fer du Centre sont maintenant en cours d'exécution, savoir :

« La ligne de Châteauroux à Limoges, d'une longueur de 135 kilomètres, et la ligne du Bec-d'Allier à Clermont, d'une longueur de 155 kilomètres. Ces deux lignes ont été dotées de crédits suffisants par la loi du 24 juin 1844.

« Les travaux sont exécutés à l'aide des ressources des budgets ordinaires.

« Il reste à pourvoir à l'exécution d'une troisième branche du réseau du Centre dirigée vers Roanne, et destinée à relier les contrées du midi de la France à celles de l'ouest. Cette branche, se détachant de la ligne de Clermont vers Saint-Germain-des-Fossés, au delà de Moulins, aurait une longueur de 66 kilomètres. Les travaux mis à la charge de l'État dans le système de la loi du 11 juin 1842 peuvent être estimés à 18 millions....

« La ligne de Paris à Orléans a été concédée pour 99 ans, à partir du 7 juillet 1838, et doit faire retour à l'État le 7 juillet 1937.

« La concession du chemin du Centre, pour une durée de 39 ans 11 mois, dont l'origine peut être fixée au 21 septembre 1852, prendra fin le 24 avril 1892.

« Le chemin de fer d'Orléans à Bordeaux a été concédé, par ordonnance du 24 octobre 1844, pour une durée de 27 ans 278 jours, qui, depuis, a été portée à 50 ans par la loi du 6 août 1850.

« Enfin, le chemin de fer de Tours à Nantes, concédé par une ordonnance du 27 novembre 1845, pour 39 ans 15 jours, a obtenu de la même loi du 6 août 1850 une prolongation qui porte également la durée de la concession à 50 ans.

« En donnant à ces diverses concessions une nouvelle prolongation de durée qui permît aux compagnies de répartir sur 99 ans l'amortissement du capital social, on peut, comme il a déjà été fait par les précédents décrets, pour les compagnies du Nord et de Strasbourg, rendre disponibles des ressources annuelles applicables à la réalisation d'emprunts dont le produit fournira une partie importante des subventions nécessaires à l'achèvement du réseau du centre et du sud-ouest.

« Mais les compagnies ont été plus loin ; elles ont présenté au gouvernement un projet de fusion ayant pour but de réunir les quatre concessions en une seule et même entreprise.

« Le gouvernement a accueilli ces ouvertures, et des conventions sont intervenues.

« D'après ces conventions, le gouvernement autorise la réunion en une seule société des quatre compagnies ci-dessus mentionnées ; cette concession unique sera désormais régie par les clauses et conditions du cahier des charges du chemin du Centre.

« Il est fait, en outre, concession à la nouvelle compagnie :

« 1° Du prolongement de Châteauroux à Limoges ;

« 2° Du prolongement du Bec-d'Allier à Clermont, avec embranchement de Saint-Germain-des-Fossés sur Roanne ;

« 3° D'un embranchement de Poitiers sur la Rochelle et Rochefort, à exécuter aux risques et périls de la compagnie. La durée de la concession du chemin de fer de Paris à Orléans est prolongée de 13 ans environ ; celle de ses prolongements et embranchements est portée à 99 ans.

« En retour des avantages qui lui sont accordés, la compagnie s'engage à verser au trésor une somme de 16 millions, qui viendra en déduction des dépenses que l'État aurait dû faire pour l'exécution des embranchements du centre, aux termes de la loi du 11 juin 1842. Les sommes versées par la compagnie, en six payements successifs et par semestre, s'ajoutant aux allocations ordinaires des budgets annuels, permettront d'arriver à Clermont en deux ans au lieu de six, et à Limoges en quatre ans au lieu de huit. Cette rapidité d'exécution donnera une satisfaction complète aux besoins des populations du centre.

« De plus, la compagnie s'oblige à exécuter, à ses risques et périls, un embranchement de Poitiers sur la Rochelle et Rochefort, dès que le montant des subventions offertes par les localités intéressées s'élèvera à la somme de 4 millions ; 2 500 000 francs sont déjà votés par un des départements parcourus.

« On ne peut pas évaluer à moins de 19 à 20 millions la dépense que l'établissement de ce chemin aurait coûté au trésor, s'il eût été exécuté aux conditions de la loi du 11 juin 1842. On doit donc admettre, en tenant compte des subventions locales, que l'offre de la compagnie exonère l'État d'une nouvelle charge de 15 millions, qu'il convient d'ajouter aux 16 millions versés pour l'exécution des lignes du centre. En même temps, le gouvernement parvient à comprendre dans le réseau général des voies de fer les riches contrées du Bas-Poitou et les ports de la Rochelle et de Rochefort....

« La section de Bordeaux à Angoulême a été ouverte à la circulation dans le courant de septembre, et l'on peut annoncer aujourd'hui que les travaux d'Angoulême à Poitiers seront livrés à la compagnie à la fin de l'année. Ainsi la ligne entière de Paris à Bordeaux pourra être exploitée dans l'automne de 1853.

« A la même époque, si la concession est donnée dès à présent, on peut espérer ouvrir au public les prolongements du chemin du centre jusqu'à Argenton et Moulins. »

A la suite de ce rapport, dont nous n'avons donné que des extraits, la fusion s'est accomplie, et aujourd'hui les quatre compagnies n'en font qu'une d'après les bases financières suivantes :

Les actions nouvelles de la compagnie ont été échangées contre les titres anciens à raison de *huit* actions nouvelles pour

```
 5  actions de Paris à Orléans,
10     »     du Centre,
15     »     d'Orléans à Bordeaux,
20     »     de Tours à Nantes.
```

Il en est résulté l'émission, par voie d'échange, de 282 134 actions.

Les titres de jouissance d'Orléans, représentant les anciennes actions de ce chemin, remboursées par le jeu de l'amortissement, ont été remplacés par de nouvelles actions de capital, moyennant rapport, par les porteurs, d'une somme de 350 francs par ancienne action de jouissance, ce qui a produit une ressource de 2 490 000 fr.

Il a été émis, en outre, 17 866 actions nouvelles au prix de 700 francs ; ces actions ont été réservées de préférence aux porteurs d'actions des quatre compagnies, et ont produit 12 506 200 fr.

Le capital en actions de la compagnie fusionnée se compose maintenant de 150 millions, représenté par 300 000 actions, dont la valeur au pair est de 500 francs. Ce capital de 150 millions est garanti par l'État pour un intérêt de 4 p. 100 pendant 50 ans.

L'une des clauses principales du décret de fusion est la prolongation de durée des concessions. Pour tous les chemins fusionnés, la durée est de 99 ans à partir du 1ᵉʳ janvier 1852, c'est-à-dire jusqu'à la fin de 1950.

Ainsi le chemin du Centre, qui n'avait que 40 ans, gagne une prolongation de 59 ans.

Le chemin de Nantes, qui n'avait que 50 ans, gagne une prolongation de 49 ans.

Le chemin de Bordeaux, qui n'avait que 50 ans, gagne une prolongation de 49 ans.

Dans la convention passée le 27 mars 1852 entre le ministre des travaux publics et les représentants des quatre compagnies, l'État s'est engagé à livrer les travaux à sa charge dans les délais ci-après :

La section du Guétin à Moulins, en 1852 ;

La section de Châteauroux à Argenton, à la fin de la même année ; les deux premières parties de ses engagements sont exécutées.

La section de Moulins à Clermont, à la fin de 1853 ;

La section d'Argenton à la Souterraine, à la même époque ;

La section de la Souterraine à Limoges, à la fin de 1854.

Enfin les travaux à la charge de l'État sur l'embranchement de Saint-Germain-des-Fossés à Roanne devront être livrés à la compagnie dans un délai de trois ans, à dater du commencement de l'exécution des travaux.

Les travaux seront commencés dans deux ans.

La compagnie devra avoir terminé et livré à l'exploitation l'embranchement de Poitiers sur la Rochelle et Rochefort, savoir :

1° La section de Poitiers à Niort, en 1855 ;

2° La section de Niort à la Rochelle et Rochefort, en même temps que l'embranchement de Saint-Germain-des-Fossés à Roanne.

État financier.

La somme des dépenses mises à la charge de la compagnie, tant pour l'achèvement des chemins de Bordeaux et de Nantes que pour l'exécution des prolongements et embranchements sur Moulins, Roanne, Clermont, Limoges, la Rochelle et Rochefort, a obligé la commission fusionnaire à porter son capital à 150 000 000 fr. répartis de la manière suivante :

Fonds social pour la seule compagnie d'Orléans .... 40 000 000 fr. 00 c.

Prix d'acquisition du chemin de fer du Centre.............................. 16 500 000   00

D'Orléans à Bordeaux.................. 24 666 666   65

De Tours à Nantes 40 000 000   00
_____
88 166 666 fr. 65 c.

Emprunts......................... 61 833 333   35
_____
150 000 000 fr. 00 c.

Lors de l'assemblée générale des actionnaires du 31 mars 1853, le total des recettes s'élevait à la somme de................. 203 533 008 fr. 30 c.

Les dépenses à la somme de............ 176 774 098   81

Ce qui donnait un excédant de recettes de 26 758 909 fr. 49 c.

En ajoutant le solde créditeur des comptes divers, soit 7 362 750 fr. 55 c., on obtient un total de 34 121 669 fr. 04 c. Si l'on ajoute à l'excédant de recettes le solde à réaliser dans le cours de 1853, sur le dernier emprunt, soit............................... 25 237 905   00
_____
on a un total de.................... 51 996 814 fr. 49 c.

Cette somme sera plus que suffisante pour couvrir les dépenses à faire dans cette année 1853, en laissant un notable excédant à reporter sur l'exercice de 1854.

Les produits bruts de la ligne d'Orléans sont de.... 12 500 000

Les produits actuels de la ligne du Centre, d'Orléans à Nevers et Châteauroux, sont de................... 4 700 000

Les produits de la ligne de Nantes, do........ ... 3 500 000

Les produits de la ligne de Bordeaux, entre Orléans et Poitiers, de............................... 6 000 000
_____
Ensemble.......... 26 700 000

Le raccordement de la gare du chemin à Nantes avec le port maritime élèvera les produits de cette ligne à............................... 4 000 000

L'achèvement du chemin de Bordeaux, en 1853, permettra d'obtenir pour ce chemin................ 13 000 000

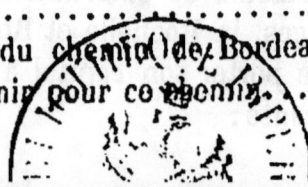

En ajoutant les produits du chemin d'Orléans..... 12 500 000

Ceux du chemin du Centre.................... 4 700 000

Ceux des prolongements sur Roanne, Clermont, Limoges, la Rochelle et Rochefort, à raison de........ 7 000 000

Une amélioration moyenne de 8 à 10 p. 100 sur le tout par le fait de l'achèvement du réseau et des circulations nouvelles qu'il déterminera sur les diverses sections.. 3 300 000

On arrive à un produit brut total de 44 millions environ.

Renseignements sur l'exploitation.

Déjà la compagnie d'Orléans a réalisé sur son exploitation des économies importantes, que l'extension de l'entreprise permettra d'augmenter encore, en diminuant la part des frais généraux par l'unité de transport. C'est surtout dans le service de la traction que des économies sérieuses ont été obtenues; la consommation du coke est descendue de 7 kil. 30 en moyenne par kilomètre en 1850, à 6 kil. 66 en 1851, dont 5 kil. 64 pour les machines à voyageurs, et 7 kil. 92 pour celles à marchandises, et à 6 kil. 34 en 1852. D'un autre côté, l'établissement général des chemins de fer à travers les bassins houillers permettra de réduire le prix de cette consommation, qui est l'un des plus forts articles de dépense de l'exploitation des chemins de fer.

Voici, d'après les comptes de la compagnie, la dépense d'un train moyen par kilomètre parcouru.

	En 1851.	En 1852.
Administration......	0,29 ou 11 p. 100.	0,14 ou 5 p. 100.
Frais généraux d'exploitation	0,15 — 6 »	0,75 — 3 »
Mouvement et trafic..	0,50 — 19 »	
Traction et entretien du matériel.......	1,31 — 50 »	1,15 — 47 »
Voie et bâtiments....	0,35 — 14 »	0,41 — 10 »
Ensemble......	3,60 par kilom.	2,45 par kilom.

Et le bénéfice net par kilomètre a été de 3 fr. 30 c. en 1852.

Nous disions à l'instant que la consommation de coke était en moyenne de 7 kilogr. 30 par kilomètre parcouru en 1850; ce chiffre comprenait l'allumage, le stationnement et la dépense faite pour les machines pilotes. Il est descendu en 1851 à 6 kilogr. 66.

Si nous recherchons les consommations en 1852, nous trouvons les chiffres suivants :

	Machines à voyageurs.	Machines à marchandises.
Sur Orléans......	5,42	7,95
Sur le Centre.....	5,13	6,84
Moyennes...	5,275	7,395

En supposant que le parcours kilométrique soit le même pour les marchandises et pour les voyageurs, la moyenne de consommation par kilomètre serait pour 1852 de 6 kilogr. 33, et l'on espère encore arriver à un chiffre plus bas.

On est frappé des diminutions successives qui ont été obtenues dans les prix de revient de la traction, et qui sont dues surtout aux modifications apportées aux machines par M. C. Polonceau, dont l'expérience et l'habileté ne se sont pas démenties depuis le moment où la traction lui a été confiée. Quand les réformes et les améliorations qu'il réalise journellement s'appliqueront à un parcours plus considérable, comme cela sera par suite de la fusion, on reconnaîtra l'efficacité de cette réunion d'intérêts divisés, et l'avantage que présente un traité de traction au point de vue de 'économie et de la régularité du service. On peut en juger en comparant les recettes et les dépenses sur les chemins d'Orléans et du Centre, où le traité de traction a été appliqué, avec celles des autres chemins. Et nous verrons sur l'exercice prochain, nous en avons la confiance, une notable différence avec le dernier exercice. Avant la fusion on avait :

		Recettes	Dépenses.	Excédents.
Chemin de fer de Paris à Orléans...........	1850 —	10 468 981,56	5 189 604,19	5 279 377,37
	1851 —	10 978 907,10	5 105 827,77	5 873 079,33
Chemin de fer du Centre.	1850 —	3 878 428,31	2 079 950,67	1 798 527,64
	1851 —	4 334 309,34	2 133 954,18	2 200 355,16
Chemin de fer de Tours à Nantes...........	1850—1851	1 840 932,00	1 155 321,99	685 610,01
	1851, 3 mois	668 276,93	410 902,49	257 377,44
Chemin de fer d'Orléans à Bordeaux	1851 Six mois.	2 991 718,78	1 409 597,07	1 582 121,71
Réseau total.........	1852 —	27 618 781,98	12 159 230,36	15 459 551,62

La grande compagnie fusionnaire est en voie d'exécuter complétement ses engagements.

La section du chemin de fer entre Châteauroux et Limoges est poussée avec la plus grande activité, les ateliers organisés ont fonctionné malgré la rigueur de la saison, des travaux considérables ont été adjugés et commencés; nous citerons entre autres le viaduc de la Gartempe, dont la longueur est de plus de 2 kilomètres, et qui coûtera environ un million.

Entre Nevers et Clermont, les travaux ont toute l'impulsion possible, les crédits ouverts s'élèvent à 7 400 000 fr., et seront dépensés dans la campagne.

C'est la partie la plus avancée. On va exploiter cette année (1853) une section de 82 kilomètres, entre le Guétin et Varennes.

La section entre le Bec-d'Allier et Moulins, de 50 kilomètres de longueur, est achevée, et la compagnie profite ainsi des nombreux voyageurs qui se rendent à Vichy. Dans un an, la section de Moulins à Clermont pourra être terminée. On a à faire sur l'Allier le viaduc de Saint-Germain, qui sera en maçonnerie, et qui coûtera près de 2 millions et demi.

Du reste, la compagnie s'est engagée à faire les travaux du ballastage et de la voie dès qu'une section sera livrée par l'État. Dès cette année, le ballastage et la pose des voies seront commencés sur la section de Clermont.

En résumé, *sur les prolongements du Centre* la compagnie mettra en exploitation une longueur de 113 kilomètres en 1853, et une longueur égale en 1854, composées des sections de Varennes à Clermont (68 kilom.), et d'Argenton à la Souterraine (45 kilom.). Il ne restera plus à terminer pour les années suivantes qu'une longueur de 124 kilom., formée par les sections de la Souterraine à Limoges (59 kilom.) et de Saint-Germain des Fossés à Roanne (65 kilom.).

Sur la concession d'*Orléans à Bordeaux*, au mois de septembre 1852, on a ouvert la section d'Angoulême à Bordeaux, d'une longueur de 135 kilomètres. Il ne restait à combler, pour établir une ligne continue entre Paris et Bordeaux, que la lacune de Poitiers à Angoulême soit 113 kilomètres; cette section a été inaugurée le 12 juillet 1853. Les gares d'Angoulême et de Libourne sont livrées à l'exploitation, et la gare de Bordeaux, qui, sans luxe inutile, présente un certain caractère monumental, sera finie au mois d'août 1853.

Sur la section de *Tours à Nantes* les travaux de premier établissement touchent à leur terme ; au moment de la fusion, l'exploitation de la ligne entière était établie sur les deux voies ; il ne restait plus à achever que les gares et stations mises à la charge de la compagnie, et les travaux de raccordement avec le port maritime de Nantes ; aujourd'hui, les stations intermédiaires sont achevées. La gare définitive d'Angers est terminée. La gare de Nantes, qui présente une grande importance, sera terminée à la fin de l'année 1853. Les travaux considérables exécutés par l'État dans le port maritime de Nantes ont permis à la compagnie de poser le long des quais, sur une longueur de 3 kilomètres, des voies susceptibles d'être parcourues par des locomotives, et qui relient directement la gare des marchandises avec le port maritime.

La compagnie fusionnaire possède en ce moment :

244 locomotives en service ;

on lui en doit....	46	—	comme complément de marché ;
elle en a commandé	30	—	à deux constructeurs habiles ;
on en construit...	14	—	dans les ateliers.
En tout........	334	—	qui seront achevées en 1854.

Pour exploiter 1250 kilomètres, à la fin de l'année 1853, la compagnie en aura au moins 280.

On a commandé 1000 voitures et wagons de diverses natures ; la compagnie aura, en 1854, plus de 4000 voitures.

Quant à l'embranchement de Poitiers, la Rochelle et Rochefort, la question est encore pendante ; on procède cependant aux études du tracé définitif.

Il avait toujours été dans la pensée du gouvernement de relier par une voie de fer continue les départements de la Normandie avec ceux du midi de la France. Ce résultat sera obtenu en réunissant le Mans à la ville de Tours ; et le 23 mars 1853 une convention provisoire, entre M. le ministre des travaux publics et le président du conseil d'administration de la compagnie fusionnaire, a accordé à cette dernière la concession de cet embranchement, aux mêmes conditions que celles qui ont été imposées à la compagnie pour l'embranchement de la Rochelle à Rochefort.

La section de Tours au Mans a 90 kilomètres, et la dépense de construction est évaluée à 20 millions environ. Les travaux devront être exécutés dans un intervalle de six années; et, l'État a pris l'engagement de ne concéder ni classer aucune ligne pouvant établir une jonction nouvelle entre les deux chemins de Paris à Nantes et de Paris à Rennes, avant l'expiration d'un délai de cinq ans, à partir de l'achèvement des travaux.

Exploitation en 1852. En défalquant d'une part les recettes du domaine et du portefeuille, les recettes d'ordre et des exercices clos, d'autre part les dépenses qui n'ont rien de commun avec l'exploitation proprement dite, on obtient les résultats suivants :

Recettes brutes...................... 25 666 581 fr. 56 c.
Dépenses........................... 9 320 342   48

Produit net de l'exploitation........ 16 346 239 fr. 08 c.

ce qui donne 36,32 pour 100 pour le rapport réel de la dépense à la recette d'exploitation de l'ensemble du réseau.

Si les détails qui vont suivre sur l'ensemble de l'exploitation en 1852 ne peuvent pas donner lieu à un rapprochement bien utile avec les résultats des années précédentes, du moins ils serviront de premier terme de comparaison avec les exercices futurs.

Le développement total du réseau exploité au 1er janvier 1852 était de 786 kilomètres; l'ouverture de la station d'Angoulême à Bordeaux a porté ce développement à 921 kilomètres depuis le 20 septembre. La longueur moyenne exploitée pendant l'année entière doit donc être réduite à 824 kilomètres de longueur.

On trouve ainsi, par kilomètre de longueur :
Une recette de...................... 31 148 fr. 76 c.
Une dépense de...................... 11 311   10

Un produit net de.............. 19 837 fr. 66 c.

Sur le réseau total il a été transporté, en 1852, 2 395 465 voyageurs; savoir: 11 p. 0/0 en 1re classe; 23 p. 0/0 en 2e classe; 66 p. 0/0 en 3e classe.

Les articles de messagerie et de marchandise à grande vitesse se sont élevés à 26 410 tonnes.

Les marchandises à petite vitesse ont atteint le chiffre de 577 441 tonnes.

La balance des recettes et des dépenses a permis de distribuer aux actionnaires pour le second semestre une somme de 26 fr. 20 par action, soit pour l'année 1852 une somme de 48 fr. 40. Ce revenu pour chaque action nouvelle correspond à 77 fr. 44 c. pour chaque action ancienne d'Orléans.

L'année la plus propice de l'ancienne compagnie d'Orléans avait produit pour intérêts et dividende 63 fr. 50 cent., ce qui donne un excédant de 14 fr. par action sur le revenu du meilleur des exercices précédents. Il résulte de l'examen de ces exercices qu'il a été payé :

Aux actionnaires de la compagnie d'Orléans :

Pour 1843	33 fr. 50 c.	par action.
1844	39	25
1845	47	30
1846	61	00
1847	62	70
1848	42	80
1849	57	00
1850	57	75
1851	63	50

Aux actionnaires du Centre :

Jusqu'en 1850 les actionnaires ont touché les intérêts à 4 pour 100 sur le capital ou sur les bénéfices :

Pour 1850	29 fr. 25 c.
1851	30

Aux actionnaires de la compagnie de Bordeaux :

Pour 1846-1847	7 fr. 50 c.
1847-1848	7	44
1848-1849	9	36
1849-1850	9	75
1850-1851	11	
1851 et six mois	9	25

Aux actionnaires de la compagnie de Nantes :

Jusqu'en 1851, intérêts à 4 pour 100 pris sur le capital ;

Trois derniers mois de 1851, 3 fr. 44 c. par action pour solde de bénéfices.

D'un autre côté, comme les actionnaires de la grande compagnie fusionnée ont touché, pour 1852, 48 fr. 40 cent. par nouvelle action.

Cela représente pour les anciennes actions

d'Orléans	77 fr.	44 c.
Du Centre	38	72
De Bordeaux	25	81
De Nantes	19	36

II.

CHEMINS DE JONCTION DU RHONE A LA LOIRE.

Ce réseau comprend le chemin de fer de Roanne à Andrezieux, celui de Saint-Étienne à Andrezieux avec embranchement de Mont-rond sur Montbrison, et celui de Saint-Étienne à Lyon.

Sa fusion est du 16 mars 1853; durée de la concession, 99 ans, à partir de l'achèvement complet des travaux.

Par suite d'une convention en date du 16 mai 1853, passée entre M. le ministre des travaux publics et la société des chemins de jonction du Rhône à la Loire, représentée par MM. le duc de Mouchy, G. Desarts, Charles Seguin et G. Delahante, les chemins de fer de Saint-Étienne à Lyon et de Saint-Étienne à Montrambert. celui de Saint-Étienne à la Loire, celui d'Andrezieux à Roanne sont réunis en une seule concession, avec une durée uniforme de 99 ans à partir de la date fixée pour l'achèvement complet des travaux mis à la charge de la nouvelle société. Ces travaux consistent dans l'amélioration et la rectification des chemins de fer de Lyon à Saint-Étienne et à Roanne et dans le complément du matériel d'exploitation. La nouvelle compagnie doit poser la double voie entre Lyon et Andrezieux, et remplacer les rails actuels partout où le besoin en sera reconnu. Elle doit présenter à l'administration deux projets complets de tracés entre Andrezieux et Roanne, l'un par la rive droite de la Loire, l'autre par la rive gauche passant par

Montbrison. Il pourra n'y avoir qu'une seule voie entre Roanne et Andrezieux. Entre Givors et Lyon le chemin sera exhaussé de manière à ce que le niveau des rails soit partout de 0,65 au-dessus de la crue du Rhône de 1840.

Nous allons donner à titre de renseignements la situation dans laquelle se trouvaient avant cette transformation les trois compagnies qui sont maintenant réunies en une seule.

1° Chemin de fer de Roanne à Andrezieux.

(68 kilomètres.)

Ce chemin, destiné exclusivement dans l'origine au transport des houilles, a été adjugé en 1828 avec jouissance perpétuelle et construit en vue de sa destination spéciale dans un système de pentes dont la rectification, encore incomplète, a entraîné la compagnie dans des dépenses au delà de ses forces. Tombée en faillite, puis reconstituée sur de nouvelles bases en 1844 avec l'aide d'un prêt de l'État, la société se trouvait encore dans une position difficile d'où elle ne devait sortir que par la vente de la perpétuité de sa concession et sa fusion avec les chemins de Saint-Étienne à Andrezieux et à Lyon.

Le directeur de la compagnie était M. Michelot; son habileté seule a pu prévenir la ruine complète de la société nouvelle, qui lui devra en outre dans un avenir prochain une liquidation honorable et des revenus que les actionnaires attendent depuis l'origine de l'entreprise, et qui leur sont désormais assurés, grâce à la nouvelle organisation.

2° Chemin de fer de Saint-Étienne à Andrezieux, avec embranchement de Montrond sur Montbrison.

(18 kilomètres.)

Ce petit chemin a été concédé à perpétuité par ordonnance royale du 26 février 1823; c'est le premier, c'est-à-dire le plus ancien de tous les chemins français. Son principal revenu consiste dans le péage qu'il perçoit sur les voyageurs et les marchandises provenant des chemins de Saint-Étienne à Lyon et d'Andrezieux à Roanne.

La nouvelle combinaison absorbe le tronçon de Saint-Étienne à Andrezieux comme un chaînon nécessaire de la route du Bourbonnais et de la ligne de Marseille à Nantes.

Le directeur de la compagnie était M. Hochet; le siége social était à Paris, rue des Minimes.

3° Chemin de fer de Saint-Étienne à Lyon.

(57 kilomètres.)

Concédé le 27 mars 1826; — concession perpétuelle.

Siége de la Société, rue de Lille, 123, à Paris.

CONSEIL D'ADMINISTRATION.

Administrateurs titulaires.

MM. THÉNARD (baron), G. O. ❋, président, place Saint-Sulpice, 6.
BOULARD (A.), vice-président, rue des Petits-Augustins, 21.
DE RUMIGNY (général), G. O. ❋, rue Godot-de-Mauroy. 11.
BOULARD (H.), ❋, rue des Petits-Augustins, 21.
SÉGUIN (Ch.) rue Louis-le-Grand, 3.
DE MONTÉPIN, ❋, à Autun.
BINET, O. ❋, au Collége de France.

Administrateurs suppléants.

MM. POLISSARD, rue des Déchargeurs, 4.
BAQUER DE RETAMOSA, rue du Luxembourg, 42.
BOULARD (Gustave), rue du Bac, 34.
THÉNARD (H.), rue des Saints-Pères, 51.
HARMAND D'ABANCOURT (J.), ❋, rue d'Assas, 3 bis.
LEBRUN DE SESSEVALLE (A.), rue de l'Université, 15.
DE BRISAY, à Hérouville.

Administrateurs pour l'industrie.

MM. SÉGUIN aîné, ✳, à Montbard.
SÉGUIN (Paul), rue Louis-le-Grand, 3.
SÉGUIN (Ferdinand), rue Louis-le-Grand, 3.
DURNERIN, rue de la Monnaie, 26.

Censeurs.

MM. BON, à Bourg-la-Reine.
LAUTOUR, rue de Lille.
SÉGUIN (Stanislas), rue Louis-le-Grand, 3.

———

COMITÉ D'EXPLOITATION.

MM. THÉNARD.
BINET.
DE SESSEVALLE.
SEGUIN (P.).

———

CHEFS DE SERVICE.

MM. GERVOY, ✳, directeur, à Lyon.
ACHILLE GUILLAUME, ✳, agent central, à Paris, rue de Lille, 123.
SIGAUD, chef du secrétariat.
LOCART, ✳, ingénieur principal.
ORGERET, chef du mouvement.
HELFENHEIN, chef de la comptabilité.
CLÉMENT DÉSORMES, entrepreneur de la traction.

Le capital, d'abord fixé à 11 millions, n'était applicable qu'à l'exécution d'un chemin de fer destiné à transporter des houilles; bientôt on comprit quels bénéfices on pouvait retirer en y ajoutant le transport des voyageurs, et le capital fut tout à fait insuffisant: on l'éleva à la somme de 24 493 493 fr.

Les résultats qui suivent prouvent combien le calcul était bon et combien les dépenses faites ont été compensées par les produit.

En 1848, les recettes totales ont été de... 4 241 583 fr. 14 c.

Les dépenses, de............: 2 587 674 30

Les bénéfices ont donc été de.... 1 653 914 fr. 84 c.

En 1849, les recettes totales ont été de... 4 564 785 fr. 17 c.

Les dépenses, de............ 2 523 251 77

Les bénéfices ont donc été de... 2 041 533 fr. 40 c.

En 1850, les recettes totales ont été de... 4 860 033 fr. 22 c

Les dépenses, de............ 2 565 536 70

Les bénéfices ont donc été de... 2 294 496 fr. 52 c.

En 1851, les recettes totales ont été de... 4 938 026 fr. 27 c.

Les dépenses, de............ 2 772 678 35

Le bénéfice a donc été de............. 2 165 347 fr. 92 c.

En 1852, les recettes totales ont été de... 5 308 672 fr. 60 c.

Les dépenses, de............ 2 804 625 69

Le bénéfice a donc été de .... 2 504 047 fr. 21 c.

D'où il suit que les recettes de 1851, qui
étaient de .... 86 632 par kilom.
se sont élevées en 1852 à................ 93 180

Différence en faveur de 1852.. 6 548

Les détails des dépenses et des recettes pour les deux dernières
années sont les suivants :

1851.

(Exercice commencé le 1er octobre 1850, terminé le 30 septembre 1851.)

RECETTES.

Transport de 772 627 tonnes de charbon
et marchandises..................... } 4 473 287 fr. 40 c.
Transport de 691 390 voyageurs.......

Produits des propriétés annexes, etc.... 431 956 16
Produits divers (intérêts, etc.)........ 32 782 71

Total des produits........ 4 938 026 fr. 27 c.

Report : total des produits....... 4 938 026 fr. 27 c.

DÉPENSES.

Services des transports, etc. 2 534 667 fr. »
— des annexes...... 238 044   35

Total des dépenses
d'exploitation .. 2 772 678 fr. 35 c. 2 772 678   35

Produit net..... 2 165 347 fr. 92 c.

1852.

(Du 1er octobre 1851 au 30 septembre 1852.)

RECETTES.

Transport de 820 088 tonnes de charbon
et marchandises .... ⎫
Transport de 756 189 voyageurs....... ⎬ 4 734 697 fr. 36 c.
Produits des propriétés annexes, etc.... 562 622   18
Produits divers (intérêts, etc.)......... 14 353   06

Total des produits....... 5 308 672 fr. 60 c.

DÉPENSES.

Services des transports, etc. 2 528 768 fr. 24 c.
— des annexes...... 275 857   15

2 804 625 fr. 39 c. 2 804 625   39

Produit net de 1852. .... 2 504 047 fr. 21 c.
— de 1851............ 2 165 347   92

Augmentation en 1852. .... 338 699 fr. 29 c.

Ce chemin, dont la situation est très-prospère, était destiné à se réunir tôt ou tard au réseau du Centre par l'absorption des deux compagnies de Saint-Étienne à Andrezieux et d'Andrezieux à Roanne. Cette fusion entraînera d'assez coûteux travaux de rectification ; mais elle constituera la grande ligne de Marseille à Nantes, et conservera beaucoup d'intérêts locaux dont l'existence dépend du maintien de la route du Bourbonnais.

LIGNES DU MIDI.

Ce réseau comprend les chemins de fer de Bordeaux à Cette, de Bordeaux à Bayonne et de Narbonne à Perpignan; les petites lignes de Bordeaux à la Teste et de Graissessac à Béziers.

I.

CHEMINS DE FER DE BORDEAUX A CETTE, DE BORDEAUX A BAYONNE ET DE NARBONNE A PERPIGNAN.

(Bordeaux à Cette, 481 kilomètres.— Longueur totale du réseau de 750 kilomètres.)

Concédé le 24 août 1852. — Durée de la concession, 99 ans.

Siége de l'administration, rue d'Amsterdam, 3.

CONSEIL D'ADMINISTRATION.

MM. ÉMILE PÉREIRE, ✳, président, rue d'Amsterdam, 6.

ADOLPHE D'EICHTHAL, ✳, vice-président, rue Basse-du-Rempart, 30.

ERNEST ANDRÉ, rue du Faubourg-Poissonnière, 30.

BADUEL (Hippolyte), administrateur des messageries du Midi, à Bordeaux.

BERTIN (Stéphane), membre de la chambre de commerce, à Bordeaux.

BISCHOFFSHEIM (Raphaël), banquier, rue de la Chaussée-d'Antin, 20.

CIBIEL (Vincent), avenue Gabrielle, 24, à Paris.

DAMAS (Junior), ✳, ancien président de la chambre de commerce, à Bordeaux.

DE GALLIERA (duc), ✳, rue d'Astorg, 16.
PÉREIRE (Isaac), ✳, rue d'Amsterdam, 5.
SALOMONS (David), alderman à Londres.
SAMAZEUILH (F.), adjoint au maire de Bordeaux, à Bordeaux.
SEGUIN (Charles), rue Louis-le-Grand, 3.
VIGUERIE (Joseph), à Toulouse.

Secrétaire du conseil d'administration :

M. POUJARD'HIEU, rue Laffitte, 11.

Ingénieurs directeurs :

MM. VERGÈS, rue Neuve-Saint-Guillaume, 40.
FLACHAT (Eugène), rue de Londres, 51.
CLAPEYRON, rue Royale, 18.

Ingénieurs conseils :

MM. MANIEL, rue d'Amsterdam, 50.
LECHATELLIER, rue de Vaugirard, 81.

Ingénieurs du bureau central des études :

MM. LOVE.
MATHIEU (matériel).
BELLIER (voie).

Secrétaire du comité des ingénieurs :

M. PÉREIRE (Eugène).

Ingénieurs en chef de section,

1re section, à Bordeaux, MM. SAIGE.
2e à Agen, DEBAUGE.
3e à Toulouse, SURELL,
4e à Carcassonne, ALBY.
5e à Narbonne, CARVALHO.
6e à Béziers, BAUMART.
7e à Bordeaux, PETIT.

Le chemin de fer de Bordeaux à Cette, concédé une première fois en 1846, à des conditions mauvaises, sans garantie d'intérêt, avec une subvention tout à fait insuffisante et sous le coup de la concurrence du canal latéral à la Garonne, a été récemment l'objet d'une nouvelle concession sur des bases plus équitables.

Un décret du 24 août 1852, visant une loi spéciale du 8 juillet précédent, a confié l'exécution du chemin de Bordeaux à Cette, son exploitation et celle du canal latéral à la Garonne à une compagnie qui a obtenu, en outre, mais sous réserve de l'approbation législative, un chemin de Bordeaux à Bayonne, empruntant le chemin de la Teste sur plus de 40 kilomètres, deux embranchements du chemin de Bayonne sur Dax et sur Mont-de-Marsan, enfin un chemin de Narbonne à Perpignan.

Cette vaste concession a été faite aux conditions suivantes :
Subvention, 56 500 000 fr.

Garantie d'intérêt d'amortissement à 4 0/0 pendant cinquante ans sur un capital à emprunter de 51 millions.

Garantie d'intérêt à 4 0/0 sur un capital en actions de 67 millions.

La compagnie s'est constituée au capital de 67 millions; elle émettra plus tard son emprunt.

Les chemins du midi et leurs embranchements ont une longueur totale de 750 kilomètres: le tout doit être exécuté à une seule voie, et coûtera, d'après les calculs de la compagnie, 150 millions.

Le trafic propre au chemin de fer, d'après la circulation actuelle, représente net 7 millions.

Le produit net de l'exploitation du canal et de la vente des eaux à l'industrie et à l'agriculture, comme force motrice et comme irrigation, est évalué à 850 000 fr., et pourra facilement être porté à 1 500 000 fr.

Les chemins du midi aboutissent d'un côté aux ports de Cette, de Marseille, d'Agde, de Port-Vendres et de la Nouvelle sur la Méditerranée; de l'autre, à l'Océan, par Bordeaux et la Gironde et par le bassin d'Arcachon, situé à l'extrémité du chemin de la Teste. Ces chemins sont donc destinés à effectuer, en outre des transports inhérents aux pays qu'ils parcourent, une grande partie du trafic qui s'opère entre les deux mers par le détroit de Gibraltar.

Par une récente concession (celle du Grand Central), ces chemins vont se trouver en communication avec les groupes houillers et métallurgiques de l'Aveyron et du Lot. De leur côté, les chemins de Bayonne et de Perpignan doivent se raccorder dans un délai assez court avec les chemins espagnols de la Catalogne et de Madrid, ce qui leur donnera un surcroît de circulation.

L'embranchement de Bordeaux à Bayonne a été ajouté au projet primitif, sur les sollicitations pressantes du gouvernement espagnol, qui s'est engagé à exécuter le chemin de fer de Madrid à la frontière française jusqu'à Irun.

L'embranchement de Perpignan se relierait au chemin de fer de Barcelone à un point de la frontière des Pyrénées-Orientales.

Les études de détail à Paris s'exécutent dans ce moment sous la direction de MM. Eugène Flachat, Clapeyron et de Vergès, dans les bureaux, situés place du Havre.

Les études du terrain sont en pleine activité et sont divisées en sept sections, savoir : 1re section, de Bordeaux à Tonneins ; 2e, de Tonneins à Castel-Sarrazin ; 3e, de Castel-Sarrazin à Avignounet ; 4e, d'Avignonnet à Trèbes, près Carcassonne ; 5e, de Trèbes à Narbonne ; 6e, de Narbonne à Béziers ; 7e, de Béziers à Cette.

Les travaux doivent être faits, conformément au cahier de charges, dans un délai de deux ans de Bordeaux à Castel-Sarrazin et de Béziers à Cette ;

Dans quatre ans, de Castel à Agen ;

Dans cinq ans, d'Agen à Toulouse ;

Dans six ans, de Toulouse à Carcassonne et de Carcassonne à Béziers.

II.

BORDEAUX A LA TESTE.

(153 kilomètres.)

Concédé en 1844 ; — inauguré en 1847 ; — durée de la concession, 99 ans.

CONSEIL D'ADMINISTRATION.

MM. MESTREZAT (D. G.), président.
PEYREYRA (A. L.).
HOVY (H. N.).
JOHNSTON (Nath.).
PETERS (F. H.).
BETHMANN (A.).
DEVALZ (A.).

M. PEYREYRA, directeur.

Après le chemin de Bordeaux à Cette vient naturellement se placer le chemin de Bordeaux à la Teste, dont l'existence et la prospérité sont justement liées à l'exécution de la ligne de jonction du midi de la France. Cette ligne a lutté contre les événements et contre des difficultés de toute espèce. Elle est destinée à servir de tête au chemin et aux embranchements de Bayonne, et alors ses produits seront singulièrement augmentés.

Nous donnons à titre de renseignements sur un passé qui, grâce au décret du 25 août 1852, n'aura plus aucune ressemblance avec l'avenir, les résultats de l'exploitation pendant les années 1848, 1849 et 1850.

	Recettes.	Dépenses.	Pertes.
En 1848....	176 620 »	205 194 31	28 574 31
En 1849 ...	186 947 45	214 341 37	27 393 92
			Bénéfices.
En 1850....	225 002 »	207 971 80	17 030 20

III.

CHEMIN DE FER HOUILLER DE GRAISSESSAC A BÉZIERS.

Concédé le 27 mars 1852 ; — durée de la concession, 99 ans.
Le siége de la société est rue d'Isly, 3.

CONSEIL D'ADMINISTRATION.

MM. DELFOSSE (Maximilien), rue d'Isly, 3.
GRANIER (Henri), rue Saint-Georges, 43.
COUTTET (Auguste), rue Madame, 45.
ORSI (Joseph), à Londres.

Ce chemin est destiné à créer un débouché facile et économique aux produits du bassin houiller de Graissessac, en le mettant en communication avec le canal du Midi et avec la voie de fer qui doit réunir l'Océan à la Méditerranée.

Le cautionnement a été déposé dans le courant de septembre 1852. Plus tard, cette ligne mettra en communication Milhau et Rodez, le Rouergue et l'Auvergne, avec les ports de Cette, d'Agde et avec l'Espagne par Perpignan.

Quand s'ouvre la campagne de 1853, la compagnie de Gressessac à Béziers est complétement constituée ; les études sont commencées, et déjà les actions prennent faveur.

C'est là la dernière concession faite dans le groupe du midi que nous venons d'examiner succinctement.

On le voit, on a fait quelque chose pour cette partie de la France, qui était depuis longtemps négligée.

Mais il s'en faut bien que tout soit fini, et il faut songer maintenant à vivifier par des voies de communication les riches bassins houillers de Rodez et d'Aubin, qui peuvent rendre de si grands services à l'industrie de la France.

Sera-ce la compagnie du Midi qui se chargera de la réparation qui est due à ces contrées déshéritées? sera-ce la petite compagnie de Graissessac à Béziers qui s'agrandira en étendant ses bras vers l'Aveyron? C'est ce que l'avenir décidera.

CHEMINS DE FER DU PLATEAU CENTRAL DE LA FRANCE.

Ce groupe comprend le chemin de fer Grand Central de France, et le chemin de fer de Lyon à Genève.

I.

CHEMIN DE FER GRAND CENTRAL DE FRANCE.

(915 kilomètres.)

Concédé le 21 avril 1853; — durée de la concession, 99 ans.

Siége de l'administration, place Vendôme, 16.

CONSEIL D'ADMINISTRATION PROVISOIRE.

MM. DE MORNY (comte), G. O. ✳, G.O. ✛, président, avenue des Champs-Élysées, 15.

DE POURTALÈS-GORGIER (comte), rue de la Madeleine, 33.

CALVET ROGNIAT, ✳, rue Castiglione, 8.

DE LATOUR-MAUBOURG (marquis), ✳, rue de la Ville-l'Évêque, 14.

DE SÉRAINCOURT, (comte), rue de l'Arcade, 15.

G. DELAHANTE, ✳, rue de la Madeleine, 48.

GIBIAT, cité Bergère, 6.

RAINNEVILLE (vicomte), ✳, rue de Babylone, 53.

A. LACROIX, rue de l'Arcade, 16.

DE LAPEYRIÈRE, ✳, rue d'Amsterdam, 19.

MASTERMANN junior,
M. UZIELLI,
HUTCHINSON,
S. LAING,
} à Londres.

Secrétaire général :

    M. COURPON (A.) O. ✳, rue de Rivoli, 10 *bis*.

Directeur des travaux :

    M. JOB, O.✳, rue Neuve des Mathurins, 95.

———

Voici une affaire qui a occupé tous les esprits pendant le premier semestre qui vient de s'écouler : c'est le chemin du centre de la France. Il a pour but, d'après les termes mêmes du rapport de M. le ministre des travaux publics, de donner satisfaction à une vaste contrée trop longtemps laissée dans l'oubli, malgré les charges qu'elle supporte et malgré les grandes richesses enfouies dans son sein, que la difficulté des communications a seule empêché, jusqu'à ce jour, de mettre en valeur.

La concession comprendra, en définitive, quand elle sera complétée, les chemins de Limoges à Agen, de Clermont à Montauban et de Lyon à Bordeaux, en vivifiant Lyon, Bordeaux et Toulouse. Le chemin de Limoges à Agen est le prolongement le plus direct du chemin de Paris à Limoges sur Périgueux, Agen et plus tard sur les Pyrénées. Il suit la direction de la route impériale de Paris à Baréges, et il mettra un jour en communication Périgueux, Agen, Auch, Tarbes et Pau avec Paris par la voie la plus courte.

Le chemin de Clermont à Montauban est le prolongement naturel de la ligne de Paris à Clermont vers Aurillac, Montauban, Toulouse et Foix. Au moyen d'un embranchement sur Marcillac, et probablement plus tard sur Rodez, il portera l'activité dans les riches bassins houillers de Brassac et de l'Aveyron.

Le chemin de Lyon à Bordeaux par Coutras et Saint-Étienne aura pour résultat de relier un des principaux ports de l'Océan avec le centre manufacturier le plus important de la France, et plus tard avec la Suisse, grâce au chemin de fer de Lyon à Genève, qui a été concédé peu de temps après la concession du Grand Central, au moyen de la section de Bordeaux à Coutras, déjà exploitée (54 kilomètres), de la section de Coutras à Périgueux (74 kil.), de la section de la Capelle à Lempdes (120 kil.), de la section de Saint-Étienne à Lyon, déjà exploitée (56 kil.). Cette grande ligne, qui doit avoir un parcours de 550 kil., n'exigera que la construction de deux lacunes formant ensemble 248 kil. pour être entièrement achevées

La concession du Grand Central a été faite à MM. de Morny, J. Mastermann, de Pourtalès-Gorgier, Matthew Uzielli, Calvet Rogniat, Samuel Laing, de Latour-Maubourg, Hutchinson, à certaines conditions particulières et assez inusitées.

La concession a été divisée en deux parties.

La première, qui seule est définitive aujourd'hui, comprend :

Le chemin de Clermont à Lempdes.............	59 kil.
Le chemin de Montauban à la rivière du Lot avec embranchement sur Marcillac.........	155
Le chemin de Coutras à Périgueux...........	74
	288

Par suite d'un traité avec la Société des chemins du Rhône à la Loire, la compagnie du Grand Central va ajouter dès à présent à son parcours 150 kilomètres en pleine exploitation, et donner à sa ligne une entrée dans Lyon, ci....................... 150

438

Cette première partie doit être exécutée en quatre ans, aux frais, risques et périls de la compagnie concessionnaire, sans subvention et sans garantie d'intérêts de la part de l'État. D'après des relevés statistiques le produit net sera d'environ 5 fr. 25 pour 100.

La seconde partie de l'entreprise comprend :

1° La section de Lempdes à la rivière du Lot, destinée à compléter la ligne de Clermont à Montauban.....	156 kil.
2° Le chemin de fer de Limoges à Agen........	223
3° Les deux lacunes formant le complément de la ligne de Lyon à Bordeaux..............	248
En tout........	627

Cette seconde partie sera exécutée dans les conditions de la loi du 11 juin 1842, c'est-à-dire que l'État achètera les terrains, fera les travaux d'art et de terrassement, et que la compagnie fournira le ballast, la voie de fer et le matériel roulant. La compagnie, pour cette seconde partie, dépensera cinquante millions qui, d'après des relevés approximatifs, donneront un revenu net d'environ 5 fr. 50 0/0.

Quant à la dépense restant à la charge de l'État, elle sera

renfermée entre soixante et soixante-dix millions. Les terrassements et les ouvrages d'art seront faits pour une seule voie avec des tolérances nouvelles de pente et de courbe, que les hommes de l'art reconnaissent aujourd'hui comme parfaitement praticables dans un pays dont les montagnes arrondies sont dans la plupart des cas faciles à contourner.

Le chemin de fer de Clermont-Ferrand à Lempdes s'embranchera à Clermont sur le chemin de fer de Paris à Clermont, et se dirigera sur Lempdes, en passant à ou près Issoire, et traversant le bassin houiller de Brassac, suivant le tracé qui sera déterminé par l'administration.

Le chemin de Montauban au Lot s'embranchera à Montauban sur le chemin de fer de Bordeaux à Cette. Il se dirigera sur Villefranche et se portera sur le bassin houiller d'Aubin qu'il traversera, suivant le tracé qui sera déterminé par l'administration, pour arriver sur la rive gauche du Lot. Un embranchement destiné à desservir les usines d'Aubin et de Decazeville se détachera de la ligne principale en un point qui sera déterminé par l'administration et viendra aboutir à ou près de Marcillac.

Le chemin de fer de Coutras à Périgueux s'embranchera sur le chemin de fer de Paris à Bordeaux à ou près Coutras et se dirigera, en suivant la vallée de l'Isle, sur Périgueux, où il aboutira en un point qui sera déterminé par l'administration.

Les terrains doivent être acquis et les travaux d'art exécutés immédiatement pour deux voies ; les terrassements pourront être exécutés et les rails posés pour une voie seulement, sauf l'établissement d'un certain nombre de gares d'évitement, la deuxième voie devant être établie lorsque la recette brute s'élevera à 18 000 fr. par kilomètre.

La largeur du chemin de fer en couronne est fixée pour une voie à 4m,50. Sur les points où deux voies seront établies, la largeur est fixée à 8m,30 en couronne dans les parties en levée, et à 7m,40 dans les tranchées et les rochers, entre les parapets des ponts et dans les souterrains.

La largeur de la voie intérieurement sera de 1m,44 à 1m,45.

Les entre-voies auront au moins 1m,80.

Le rayon minimum des courbes est fixé à 300 mètres. C'est un minimum qui n'existe sur aucun chemin de fer important. Le maximum des pentes et rampes n'excédera pas 10 millimètres par mètre, et dans quelques cas rares 12 millimètres, avec l'approbation spéciale de l'administration supérieure.

Le poids des rails sera au moins de 35 kilogrammes par mètre courant sur les voies de circulation, et de 30 kil. dans le cas où la compagnie voudrait poser des rails sur longrines.

Le tarif est fixé par voyageur et par kilomètre

à 0,10 c. pour la 1re classe.
à 0,075   2e id.
à 0,055   3e id.

Telles sont les principales conditions auxquelles a été adjugé le chemin de fer Grand Central de France.

L'embranchement de Clermont à Lempdes, qui se rattache à la ligne d'Orléans, sera ouvert à la circulation dans les premiers jours de 1855.

Les études sur les autres embranchements permettent d'espérer qu'à la même époque l'exploitation commencera sur les sections de Périgueux à Montauban.

Le capital social est de 90 millions de francs, divisés en 180 000 actions de 500 fr. Il sera augmenté de 30 millions et de 60 000 actions, par suite de l'acquisition du chemin de fer de jonction du Rhône à la Loire.

II.

CHEMIN DE FER DE LYON A LA FRONTIÈRE DE GENÈVE, AVEC EMBRANCHEMENT SUR BOURG ET MACON.

Concédé le 30 avril 1853, pour 99 ans.

Un mois après la concession du chemin de fer dont nous venons de parler, M. le ministre des travaux publics accordait la concession du chemin de fer de Lyon à Genève à

MM. BARTHOLONY, président du chemin de fer d'Orléans.

DUFOUR (général), membre du grand conseil de Genève.

JAYR, administrateur du chemin de fer de Paris à Strasbourg.

BENOIST D'AZY (vicomte Denys), administrateur du chemin de fer de Lyon à la Méditerranée.

BLOUNT et Cie; banquiers à Paris.

HÉLY D'OISSEL, administrateur du chemin de fer de Lyon à la Méditerranée.

GLADSTONE, de Londres, administrateur du chemin de fer d'Orléans.

DE MONICAULT, membre du conseil général du département de l'Ain.

DE GALLIERA (duc), administrateur du chemin de fer du Nord.

KOHLER, banquier à Genève.

Déjà nous touchons, disait M. le ministre des travaux publics, la Prusse, Bade, la Bavière, la Belgique par plusieurs points, et les chemins de Bayonne et de Perpignan vont nous conduire aux portes de l'Espagne; les frontières du sud-est, auxquelles tant d'intérêts nous rattachent, sont seules restées jusqu'ici en dehors de notre réseau. La ligne dont il est question ici suit la rive droite du Rhône dans le département de l'Ain, en partant de Lyon, passe par Ambérieux, Saint-Rambert, Culoz, à quelques kilomètres de la Savoie, et à 36 kilomètres de Chambéry, touche Bellegarde et aboutit à la frontière suisse près du fort de l'Écluse, en restant sur le territoire français de manière à pouvoir servir à la défense de notre frontière.

Un embranchement se détachant d'Ambérieux se porte sur le chef-lieu du département de l'Ain, et va rejoindre à Mâcon le chemin de fer de Lyon à Paris.

Ainsi, ce chemin qui est destiné à mettre en même temps Paris, Lyon et Marseille en communication avec Genève, aura deux têtes, l'une à Mâcon, l'autre à Lyon. Il abrége de 39 kilomètres la distance de Paris à Genève et de Paris à Aix ou à Chambéry. Il place Lyon à 130 kilomètres de Chambéry; Marseille à 510 kilomètres de Genève, et Paris à 610 kilomètres de Genève et à 596 kilomètres de Chambéry.

Le chemin de Saint-Rambert à Grenoble doit satisfaire les intérêts du département de l'Isère, qui reste en dehors de ce tracé ; il sera prochainement exécuté.

Les dépenses à faire avaient été évaluées, en 1846 et en 1852, savoir :

Sur le territoire français, pour 215 kilomètres à   65 000 000 fr.
Sur le territoire suisse, pour 12 kilomètres à..   6 000 000
                                                    ─────────────
        Ensemble.................. ....   71 000 000 fr.

Mais en autorisant la compagnie à ne poser provisoirement qu'une seule voie de Lyon à Virieu-le-Grand sur 90 kilomètres, à n'acheter les terrains et à n'exécuter les terrassements que pour une seule voie sur tout le reste du parcours, en lui permettant d'abaisser les courbes à 350 mètres de rayon, d'adopter des pentes de 10 millimètres et de les porter même à 15 millimètres avec l'autorisation de l'administration, les dépenses ont été réduites de la manière suivante :

1° Sur le territoire français,
    de Lyon à la frontière suisse, 148 kilomètres.   43 124 000 fr.
    d'Ambérieux à Mâcon ;   67   —   13 126 000
                                            ─────   ─────────────
                                            215   —   56 250 000 fr.

2° sur le territoire suisse,
    de la frontière à Genève,   12   —   6 000 000
                                                ─────
                                                227   —

    Total des dépenses d'exécution au début de
    l'exploitation........................   62 250 000 fr.

La compagnie doit exécuter le chemin et l'embranchement dans un délai de six années, aux conditions déterminées par le cahier des charges, qui est à peu près le même que celui du Grand Central que nous venons d'analyser.

Les tarifs sont les mêmes.

L'État concède à la compagnie :

1° La jouissance du chemin de fer pendant 99 ans ;

2° Une subvention de 15 000 000 de francs ; ce qui réduit le capital à dépenser par la compagnie à 47 250 000 fr.

3° Une garantie de l'intérêt à 3 p. 0/0 sur un capital de 50 millions pendant les cinquante premières années de la concession.

D'un autre côté, le gouvernement suisse a promis à la compagnie une subvention de 2 millions, en sorte que la dépense réelle à la charge de la compagnie ne sera en réalité que de 45 250 000 fr.; encore devra-t-on faire des économies notables dans l'exécution. Les statistiques ont estimé le revenu net à 2 201 000 fr. par an et ce chiffre sera certainement augmenté par le développement de nos relations internationales et par la construction prochaine d'un embranchement de Culoz à Chambéry.

Le point de départ du chemin de Lyon à la frontière de Genève sera au quartier des Brotteaux, en un point situé sur la rive gauche du Rhône, en amont du pont d'Albret. Il traversera le Rhône un peu en amont de Lyon, et se dirigera ensuite vers la frontière suisse, en passant à ou près Montluel, Meximieux, Ambérieux, Saint-Rambert et se portant sur Bellegarde et le fort de l'Écluse, soit par Culoz et la rive droite du Rhône, soit par la vallée du Seran, dite le Val-Romey, suivant le tracé qui sera déterminé par l'administration.

L'embranchement se détachera de la ligne principale à Ambérieux, passera près Pont-d'Ain, et se dirigera ensuite par ou près Bourg sur Mâcon, où il se raccordera avec le chemin de fer de Paris à Lyon.

Il doit être pourvu par une convention internationale à l'exécution et à l'exploitation du prolongement du chemin de fer depuis la frontière suisse jusqu'à Genève. La compagnie supportera la dépense qui serait mise à la charge du gouvernement français.

Après l'ouverture de la ligne entière de Lyon à Genève et de son embranchement sur Bourg et Mâcon, si le produit net de l'exploitation excède 8 p. 0/0 du capital dépensé par la compagnie, moitié de l'excédant sera attribué à l'État.

Le délai de 99 ans accordé par le gouvernement à la compagnie ne commencera à courir qu'à dater de l'époque fixée pour l'achèvement des travaux de la ligne entière.

Le gouvernement s'est réservé le droit d'établir le long des voies toutes les constructions et tous les appareils nécessaires au fonctionnement d'une ligne de télégraphie électrique, comme il l'a fait d'ailleurs pour toutes les autres lignes concédées. Il aura le droit d'y faire toutes les réparations et de prendre toutes les mesures propres à assurer le service de la ligne télégraphique sans nuire au service du chemin de fer.

Enfin, à toute époque, après l'expiration des quinze premières années à dater du délai fixé pour l'achèvement des travaux, le gouvernement aura la faculté de racheter la concession entière du chemin de fer; et, pour régler le prix du rachat, on relèvera les produits annuels obtenus par la compagnie pendant les sept années qui auront précédé celle où le rachat sera effectué; on en déduira les produits nets des deux plus faibles années et l'on établira le produit net moyen des cinq autres années. Ce produit net moyen formera le montant d'une annuité qui sera due et payée à la compagnie pendant chacune des années restant à courir sur la durée de la concession

LIGNE DE L'OUEST.

(Paris à La Loupe 88 kilomètres, 124 kilomètres exécutés en 1853.)

Concédé le 13 mai 1851 ; — Durée de la concession, en vertu
du décret du 29 janvier 1852, 99 ans.

Siége de la Société, rue Caumartin, à Paris. — Direction, boulevart
Mont-Parnasse.

Gares, rue Saint-Lazare, au chemin de Saint-Germain, et boulevard Mont-
Parnasse, 44.

CONSEIL D'ADMINISTRATION.

MM. RIVET, ✳, président, rue d'Aguesseau, 6.
DE L'ESPÉE, ✳, rue de Londres, 30.
GERVAIS, rue de la Victoire, 17.
SIMONS, ✳, rue Saint-Honoré, 271.
JUBELIN, O✳, rue des Champs-Élysées, 10.
DE NOAILLES (duc), rue de Lille, 66.
EWART,
ROTHERHAM,
PETO,
STOCKER, } à Londres.
GEACH,
GLYNN,
MANGLES,

Ingénieur en chef, directeur, M. BAUDE, O✳.
Chef de l'exploitation commerciale, M. COURPON (Albert)[1], O✳.
Secrétaire du conseil, M. COUTIN.
Ingénieur du matériel, M. PHILIPS (Édouard).
Ingénieur de la voie, M. BAUDE (Elphége).
Ingénieur de l'embranchement de Mézidon, M. BERGERON.

[1]. Aujourd'hui secrétaire général du chemin de fer Grand Central de France, non
encore remplacé au chemin de l'Ouest.

Renseignements sur la construction.

Le chemin de fer de l'Ouest, construit par l'État depuis son point de raccordement sur le chemin de Versailles (rive gauche) à Viroflay jusqu'à Chartres, et exploité pendant deux ans pour le compte du trésor, a été concédé à une compagnie par la loi du 13 mai 1851.

La concession comprend :

Le chemin de l'Ouest, par Chartres, la Loupe et le Mans, jusqu'à Rennes;

Le chemin de Versailles (rive gauche) à des conditions de rachat déterminées;

La ratification d'un traité d'acquisition du chemin de fer de Versailles (rive droite) et l'autorisation d'établir un raccordement à Viroflay entre ce chemin et celui de l'Ouest.

Postérieurement, la loi du 8 juillet 1852 a accordé en outre à la compagnie de l'Ouest la concession de la ligne transversale de Mézidon au Mans.

Les 150 kilomètres en exploitation actuellement se composent des deux chemins de Versailles rive droite et rive gauche représentant 40 kilomètres, et du chemin de Versailles à La Loupe, qui a 110 kilomètres.

Quand tout ce réseau sera achevé, il représentera:

De Paris à Chartres..................	88 kilomètres.
De Chartres à La Loupe..............	36
De La Loupe au Mans................	88
Du Mans à Laval....................	94
De Laval à Rennes..................	76
Embranchement du Mans à Caen......	130
	512 kilomètres.

Aujourd'hui, le chemin de fer s'arrête à La Loupe, où s'exécutent des travaux importants. On espère aller au Mans dans le courant de l'année prochaine (1854).

Au moment où nous écrivons, il est sérieusement question d'une fusion des chemins de Rouen, du Havre et de Dieppe, de Caen, de Cherbourg et de Saint-Germain avec la compagnie de l'Ouest.

De Paris à Versailles les travaux les plus importants sont la tranchée de Clamart et le viaduc du Val-de-Fleury, d'où l'on découvre une des plus belles vues de l'univers.

Depuis que le raccordement des deux lignes de Versailles rive droite et de Versailles rive gauche est achevé, on peut partir pour la ligne de l'Ouest, soit au boulevard Montparnasse, soit place du Havre. Voici comment ce service est organisé : les départs de la rive gauche sont à 7 heures 30 minutes, à 11 heures 30 du matin, à 4 heures 30 minutes, à 7 heures 30 et à 8 heures 30 du soir. Les départs de la rive droite sont aux heures correspondantes, mais 15 minutes plus tôt, de manière à ce que le train de la rive droite arrive avant le train qui part de la rive gauche ; les voyageurs descendant de voiture ont 5 minutes à attendre, et ils entrent dans les voitures de l'Ouest sans s'occuper de leurs bagages, qui suivent le train par les soins des agents de l'administration.

En sortant de Versailles, on entre dans un souterrain courbe de 700 mètres de rayon et de 140 mètres de longueur ; après ce travail, ce qu'il y a de remarquable, c'est qu'à la gare de Maintenon il y a deux ouvrages d'art imposants ; savoir : le grand aqueduc de Louis XIV, puis un viaduc de 32 arcades et de 20 mètres de hauteur totale.

En quittant Maintenon, le chemin, traversant la vallée de la Voise, se tient sur la rive droite de l'Eure, et arrive à la station de Jouy, puis il se dirige vers Chartres, en traversant, à 2 kilomètres de cette ville, la rivière d'Eure, et entre dans la gare de Chartres sur un petit viaduc courbe de 800 mètres de rayon. Les travaux de Chartres à la Loupe ne présentent pas une très-grande importance.

Renseignements sur l'exploitation.

Le nombre des voyageurs a été: En 1850, de........ 464 245
» En 1851, de........ 445 025
» En 1852, de........ 529 075

Le nombre de tonnes de marchandises transportées a été :

En 1850 de........ 52 322 tonnes
En 1851 de........ 96 942
En 1852 de........ 133 692

Quant aux recettes, elles donnent les chiffres suivants :

En 1850, elles étaient en totalité de........ 1 919 679 fr. 63 c.
En 1851, de................................. 2 548 169   85

                    Différence en plus........ 628 490 fr. 22 c.

En 1852, la recette, non compris les trains
de banlieue, a été, pour l'année entière; de.... 2 880 543 fr. 77 c.

La recette pour 1853 est estimée ainsi qu'il suit :

Ouest proprement dit...................... 3 500 000 fr.
Rive gauche.. ....   900 000
Rive droite............................... 1 600 000

                    Ensemble............ 6 000 000 fr.

En effet la recette totale du 1er semestre de 1853
a été de   2 860 099 fr.

La constitution financière de la compagnie de l'Ouest s'est faite
avec les circonstances suivantes :

L'État exécute les travaux d'art et les terrassements de la ligne
principale aux conditions de la loi de 1842; mais, comme il a
fourni en outre la voie et le matériel de la section de Paris à
Chartres, la compagnie a dû lui en tenir compte au moyen d'une
avance de 10 millions employée aux travaux à la charge du trésor,
entre Chartres et le Mans; cette avance sera rendue par l'État à la
compagnie lorsqu'il faudra exécuter la section du Mans à Rennes.

Comme il ne s'agit de pourvoir quant à présent qu'aux besoins
de la première section, de Paris au Mans, la compagnie s'est constituée au capital de 25 millions, représenté par 50 000 actions de
500 fr.

Elle a pris en outre les engagements suivants :

Envers la compagnie de Saint-Germain, pour prix de la construction d'une gare spéciale à Paris, rue Saint-Lazare, d'un souterrain sous la place de l'Europe et du raccordement de Viroflay,
le payement d'une somme représentée par 4405 obligations, produisant 50 fr. d'intérêt et remboursables à 1250 fr.

Envers la compagnie de Versailles (rive droite), pour prix d'acquisition de cette ligne, non compris les immeubles en dehors qui
restent la propriété des actionnaires, l'obligation de faire le service

de ses emprunts, représentant en intérêt et en amortissement une annuité de 350 000 fr. Et en outre, la remise aux actionnaires, en échange de leurs titres, de 7531 obligations de l'Ouest de 1250 fr., produisant 50 fr. d'intérêt annuel.

Envers la compagnie de Versailles (rive gauche) : l'acceptation de son passif composé de dettes en compte courant pour 1 million d'obligations émises pour 2 400 000 fr., et d'un prêt de l'État s'élevant avec les intérêts à plus de 7 millions, mais compensé en partie au moyen de péages dus par l'État ; enfin le remboursement des titres des actionnaires à 400 fr.

La compagnie, ayant obtenu de l'État une garantie de 4 0/0 sur un capital de 55 millions, a délégué le bénéfice de cette garantie aux porteurs de ses obligations jusqu'à concurrence de ce qui leur revient.

La loi du 8 juillet 1852, qui a concédé à la compagnie la ligne transversale de Mézidon au Mans, lui a accordé une garantie spéciale d'intérêt et d'amortissement sur un capital de 10 millions à emprunter, et sur un capital de 10 millions à réunir en actions, plus une subvention en argent de 14 millions.

CHEMINS DE FER DES ENVIRONS DE PARIS.

Ce groupe comprend le chemin de fer de Paris à Saint-Germain, à Argenteuil et à Auteuil, le chemin de fer de Paris à Sceaux, et le chemin de fer de ceinture.

I.

COMPAGNIE DE PARIS A SAINT-GERMAIN, A ARGENTEUIL ET A AUTEUIL.

(26 kilomètres.)

Concédé le 9 juillet 1835. — Inauguré le 24 août 1837. — Durée de la concession, 99 ans.

Siége de l'administration, rue Saint-Lazare, 124.

CONSEIL D'ADMINISTRATION.

MM. D'EICHTHAL (Adolphe), ✻, président, rue Basse-du-Rempart, 30.
RODRIGUES (Édouard), ✻, vice-président, rue Neuve des Mathurins, 32.
AUREAU, rue d'Amsterdam, 3.
CLAPEYRON (Émile), ✻, rue Royale, 18.
DESARTS, (G.), rue de Provence, 20.
LEFEBVRE (Francis), ✻, rue du faubourg Poissonnière, 60.
TOUCHARD, ✻, rue de Valois (Roule), 8, administrateur honoraire.
THURNEYSSEN (Charles), rue de Luxembourg, 47.

DIRECTION ET EXPLOITATION.

MM. PEREIRE (Émile), ✳, directeur, rue d'Amsterdam, 5.

PEREIRE (Isaac), ✳, sous-directeur, rue d'Amsterdam, 5.

FLACHAT (E.), ✳, ingénieur en chef, rue de Londres, 51.

ROUEN, inspecteur du service, à l'embarcadère.

CRETIN, ✳, architecte, faubourg Saint-Honoré, 105.

Renseignements sur la construction.

Nous l'avons dit, ce chemin est l'un des premiers dont la France ait été dotée, et on le doit à la persévérance et à la haute capacité de M. Émile Pereire.

En 1837, et pendant un grand nombre d'années, ce chemin s'arrêtait en face du village du Pecq; là, des omnibus spéciaux conduisaient les voyageurs jusqu'à Saint-Germain. La concession avait été donnée pour quatre-vingt-dix-neuf ans, et le capital dépensé pour aller au Pecq seulement s'élevait à plus de 14 millions.

Depuis 1847, grâce à la construction du chemin de fer atmosphérique, décidée en principe par M. Émile Pereire et exécutée habilement par M. Eugène Flachat, les trains sont conduits jusqu'au sommet de la terrasse de Saint-Germain, en franchissant une hauteur verticale de 61 mètres.

Pour racheter cette différence de niveau, on a établi, comme on le sait, deux machines à vapeur fixes mettant en mouvement des cylindres pneumatiques installés sur le plateau supérieur. Ces cylindres font le vide dans un tuyau longitudinal de 2500 mètres, dans lequel roule un piston intimement lié au convoi remontant. La descente se fait au moyen des freins. La pente la plus forte est de 3 centimètres et demi par mètre. La longueur totale de Paris à Saint-Germain est de 20500 mètres, y compris l'embranchement du chemin atmosphérique, qui entre dans ce chiffre pour 3520 mètres, savoir 2500 mètres de tube, et 1020 mètres qu'on franchit à l'aide des locomotives.

En 1851, la compagnie a construit l'embranchement d'Asnières à Argenteuil, d'une longueur de 4300 mètres. Cette ligne avait été primitivement concédée à M. Andraud pour y faire l'application de son système de locomotive à air comprimé. Il a cédé ses droits à la compagnie de Saint-Germain, qui y a appliqué un système de construction très-économique, et qui, profitant de tous les transports de voyageurs, assez nombreux sur cette ligne, aura encore par la suite le grand avantage de faire le transport d'une quantité considérable de plâtre, tout en se rapprochant de cette manière de la station si importante d'Enghien. Il a été même question sérieusement, avant l'exécution du chemin de fer de ceinture, de prolonger le chemin d'Argenteuil jusqu'à Ermont, de manière à relier le chemin du Nord aux chemins de Saint-Germain, de l'Ouest et du Nord-Ouest. Ce projet est loin d'être abandonné.

Aujourd'hui, par suite d'une concession faite à la date 18 août 1852, la compagnie de Saint-Germain construit l'embranchement des Batignolles à Auteuil, par les Thernes, l'avenue de Neuilly et Passy, qui comprend des travaux importants.

Le point de départ est le même que celui du chemin de Saint-Germain, de la voie duquel le chemin d'Auteuil se sert jusqu'au pont d'Orléans, après les deux souterrains et près des ateliers de réparation des Batignolles. A partir de ce point, la ligne tourne à gauche en coupant à angle les bâtiments du magasin d'approvisionnement de l'extrémité des ateliers; elle double la longueur du pont Cardinet, puis passe en déblai sous les rues des Ateliers, de la Santé, sous la route d'Asnières, la rue de Courcelles, les rues des Lombards, des Chantiers, de l'Arcade, la rue de Villiers, la vieille route de Neuilly, la nouvelle route de Neuilly et la porte Dauphine. Toutes ces chaussées, en dessous desquelles passe le chemin d'Auteuil, le traverseront au moyen de ponts en fonte d'une construction uniforme. Après la porte Dauphine, le chemin passe à la Muette, et arrive, en longeant les fortifications, dans le parc de Montmorency, à Auteuil. La longueur totale de l'embranchement d'Auteuil est de 6880 mètres à partir de son point de séparation avec la ligne de Saint-Germain. L'embranchement qui doit se diriger par les Thernes et Sablonville sur le pont de Neuilly a été d'abord ajourné, puis formellement demandé par l'autorité municipale de Neuilly. L'exécution en sera prompte et facile.

Les travaux sont poussés avec une grande activité. On a élargi le viaduc en déblai depuis le tunnel des Batignolles jusqu'à la rue Cardinet; on a fait le déblai dans le terrain calcaire depuis cette rue jusqu'aux premiers jardins de Courcelles, après avoir coupé en écharpe la plaine de Monceaux. Le chemin des Batignolles à Auteuil aura cela de particulier, qu'il va être tout entier construit en déblai plus ou moins profond, suivant les ondulations du terrain. Il sera desservi par quatre stations, savoir :

La porte Maillot; la porte Dauphine; Passy, le quinconce du Ranelagh, et Auteuil.

L'embarcadère du chemin de Saint-Germain était d'abord place de l'Europe, il a été avancé dans Paris jusqu'à la rue Saint-Lazare. La charpente de l'intérieur de la gare est due à l'habile conception de M. Eugène Flachat, ingénieur en chef de la compagnie, qui en a dirigé l'exécution avec la rapidité et le talent qu'on lui connaît; elle se compose de fermes en fer reposant sur des colonnes en fonte; il est difficile de réaliser un plus beau travail avec autant d'économie; on le reconnaît surtout quand on réfléchit que cette gare couverte doit servir de point de départ aujourd'hui, non-seulement aux chemins de Saint-Germain, d'Argenteuil, d'Auteuil et de Versailles (rive droite), mais encore au réseau des trois chemins de Rouen, du Havre et de Dieppe et au raccordement du chemin de fer de l'Ouest, ce qui fait jouer à la gare de la rue Saint-Lazare le rôle de tête de ligne pour les départements de Seine-et-Oise, de la Seine-Inférieure, de l'Eure, du Calvados, de la Manche, d'Eure-et-Loire, de l'Orne, de la Mayenne, d'Ille-et-Vilaine, des Côtes-du-Nord et du Finistère.

Les travaux les plus importants sont le souterrain sous la place de l'Europe pour pénétrer dans Paris et le double souterrain des Batignolles; ils ont été exécutés par MM. Clapeyron et Stéphane Mony-Flachat.

On exécute en ce moment un travail très-important sur cette ligne. On se souvient que le pont d'Asnières a été brûlé en 1848; on se souvient quelle perturbation ce sinistre avait jeté dans l'exploitation des chemins de Saint-Germain, de Versailles, de Rouen, du Havre et de Dieppe. L'indemnité totale payée à la compagnie de Saint-Germain pour les dévastations de 1851 s'est élevée à la somme de 1 229 620 francs. Aujourd'hui le pont de charpente va être reconstruit en tôle comme l'a été le pont de Clichy, et la circulation des nombreux chemins de fer qui se servent de ce pont ne sera pas interrompue un seul instant, grâce aux précautions prises depuis longtemps, en prévision de ce travail, par M. Eugène Flachat. Avant l'incendie, le pont avait une largeur suffisante pour le passage de trois voies ; aujourd'hui il en comportera quatre, aussi bien que le pont de Clichy ; et, comme la compagnie a effectué de très-grands remblais des deux côtés du chemin de fer dans la commune de Clichy, on se servira de ces terrains comme d'une grande gare existant sur une longueur de 4 kilomètres depuis la gare de la rue Saint-Lazare jusqu'à Asnières, sauf l'intervalle des souterrains.

Les stations de la ligne de Paris à Saint-Germain sont : Asnières, Colombes, Ruel et Nanterre, Chatou, le Pecq.

Renseignements sur l'exploitation des chemins de Saint-Germain et d'Argenteuil.

EXERCICE DE 1848.

Nombre des voyageurs : 877 323.

Recettes totales..................	1 323 083 fr. 81 c.
Dépenses.....................	633 751 17
Bénéfices....................	689 332 fr. 64 c.

EXERCICE DE 1849.

Nombre des voyageurs : 1 129 371.

Recettes totales..................	1 671 328 68
Dépenses.....................	650 333 89
Bénéfices....................	1 020 994 fr. 79 c.

EXERCICE DE 1850.

Nombre des voyageurs : 1 314 968.

Recettes totales..................	1 872 849 53
Dépenses.....................	706 590 11
Bénéfices....................	1 106 259 fr. 42 c.

EXERCICE DE 1851.

Nombre des voyageurs : 1 629 487.

Recettes totales..................	2 077 507 97
Dépenses.....................	729 866 56
Bénéfices....................	1 347 641 fr. 41 c.

EXERCICE DE 1852.

Nombre des voyageurs : 2 236 161.

Recettes totales.................	2 343 529 fr. 47 c.
Dépenses.....................	852 039 52
Bénéfices....................	1 491 489 fr. 95 c.

Cette augmentation croissante dans les recettes, et par conséquent dans les bénéfices, l'acccroissement de revenu que va procurer à la compagnie de Saint-Germain le raccordement des deux chemins de fer de Versailles (rive droite et rive gauche), et l'importance des trafics des chemins de l'Ouest et de Rouen, les bruits de fusion entre cette compagnie et celles de l'Ouest et du Nord-Ouest, tous ces motifs réunis ont eu pour effet de donner à la compagnie de Saint-Germain l'importance la plus considérable. Aussi les actions, qui dans le principe étaient de 500 francs, qui pendant longtemps se sont maintenues au taux de 800 francs, sont aujourd'hui presque à 2000 francs, et il est question de les diviser en quatre coupons pour faciliter les transactions sur ces valeurs, qui sont à juste titre placées parmi les meilleures.

On s'est souvent demandé à quelles causes principales devait être attribuée la faveur dont jouissent, depuis longtemps, les actions du chemin de fer de Saint-Germain. On a dit qu'elle provenait particulièrement du petit nombre d'actionnaires, qui, détenant avec soin tous les titres entre leurs mains, en faisaient monter la valeur en raison de leur rareté même ; mais il est évident que c'est ailleurs qu'il faut rechercher les causes du taux élevé des actions de Saint-Germain. C'est notamment dans la prospérité de l'entreprise, dans l'habileté des directeurs, dans le péage élevé que lui payent, comme tête de ligne, les chemins de Rouen, du Havre, de Dieppe, de l'Ouest, et que lui payera plus tard la compagnie de Caen et de Cherbourg. C'est aussi et surtout dans les nombreuses correspondances qui se sont établies, dans les habitudes prises par les populations et dans les dernières entreprises qui viennent de se créer.

Ceci demande quelques développements qui permettront de bien apprécier ce que c'est que le service de la banlieue de Paris et quelle importance il présente.

Depuis que les embranchements d'Argenteuil, d'Auteuil et du

pont de Neuilly ont été exploités ou en voie d'exécution, de nombreuses demandes de prolongements et d'embranchements ont été adressées à la compagnie de Saint-Germain.

D'abord les communes de Rueil, de Bougival, de Louveciennes et de Marly ont sollicité l'exécution d'une ligne partant de Nanterre, s'approchant de Rueil et aboutissant à Bougival près de la machine de Marly.

Ensuite la commune d'Argenteuil sollicite le prolongement de la ligne actuelle sur Ermont, et la demande de cette concession n'est ajournée que par suite de quelques objections soulevées par la compagnie du Nord. Quant à présent, la compagnie de Saint-Germain se bornera à prolonger ce chemin jusqu'aux carrières pour y effectuer directement les chargements de plâtre.

Enfin, on demande le prolongement du chemin d'Auteuil par Boulogne jusqu'au pont de Sèvres.

En prévision du développement de tous ces services, et par suite du raccordement de Viroflay et de la concession du chemin de fer de Caen et Cherbourg, la surface de la gare de la place du Havre à Paris a dû être doublée. Quand les travaux seront achevés, Rouen, le Havre et Dieppe auront six voies et deux quais, autant que la gare du chemin de fer de Strasbourg; Saint-Germain aura douze voies et six quais.

La compagnie de Versailles et de l'Ouest aura deux groupes, chacune de quatre voies et de deux quais, donnant ensemble huit voies et quatre quais.

Ainsi le service de la gare de la rue Saint-Lazare présentera un ensemble de six groupes réunissant un front de vingt-six voies et de douze quais, indépendamment des voies latérales pour le service des messageries et des marchandises. Il y aura, en outre, au-dessous des vestibules et des salles d'attente, de vastes entrepôts ou magasins dans les conditions les plus économiques d'accès et d'emploi, au centre du plus beau quartier de Paris, et dont l'importance est facile à apprécier en raison de la réalisation d'éventualités très-prochaines.

C'est également en vue des développements des services que tous les ponts et tous les remblais ont été élargis entre Paris et Asnières. Le pont en pierre à la sortie des Batignolles, sous la rue d'Orléans, était à deux arches et à quatre voies; il reçoit en ce moment une troisième arche qui complétera un passage de six voies, se prolongeant sous le pont de la rue Cardinet. Le pont sur la route de la Révolte a été élargi dès 1852 et porté à sept voies; deux ponts à la suite sont également élargis; enfin la gare de Paris sera continuée sans interruption jusqu'au port de Clichy, sur une longueur de près de 5 kilomètres.

Tous ces terrains serviront de vastes entrepôts pour le service des docks, et, si le port de Clichy devenait insuffisant, il y serait suppléé par les facilités de déchargement et de garage qu'offrent le port et l'ancienne gare du Pecq. La navigation aura de plus l'avantage d'être mise ainsi en relation par le chemin de ceinture avec les chemins du Nord, de l'Ouest, de Strasbourg, de Lyon et de Bordeaux.

Tous ces projets de l'avenir, ces chemins de la banlieue, desservis, comme les chemins autour de Londres, par des stations situées de 10 kilomètres en 10 kilomètres, ne permettent-ils pas déjà d'expliquer la faveur dont jouissent les actions de Saint-Germain?

Mais il y a encore un autre élément : ce sont les bénéfices obtenus. On voit, en effet, que les bénéfices nets de l'exercice de 1852, y compris le solde de 1884 fr. 85 c. de l'exercice de 1851, se sont élevés à 1491489 fr. 95 c., ce qui a constitué pour les actionnaires une somme totale de 62 fr. 50 c. par action, tandis qu'en 1851 ils n'avaient reçu que 36 fr. 50 c.

Les résultats de 1852 ont été améliorés, il est vrai, par les bénéfices réalisés sur la vente des obligations de l'Ouest, par des placements de fonds disponibles et par quelques recettes sur les services antérieurs.

L'exercice de 1853 s'accroîtra aussi de l'emploi des fonds provenant de la vente des terrains et du produit net des terrassements des docks dont la compagnie a fait l'entreprise.

Les exercices suivants profiteront, tant de l'ouverture de la ligne d'Auteuil, que des transports des marchandises pour les docks provenant soit du chemin de ceinture, soit de la navigation desservie par les ports de Clichy et du Pecq. Les facilités qu'offriront les vastes magasins existant dans Paris seront encore une source de bénéfices.

Enfin, si le chemin de Caen et Cherbourg fait une recette brute de 18 000 fr. par kilomètre, le péage qu'il payera à la compagnie de Saint-Germain s'élèvera à la somme de 185 000 fr.

Telles sont, en détail, les causes de la faveur toute particulière dont jouissent ces valeurs. On comprendra mieux combien le trafic est important en examinant combien sont considérables les chiffres de dépenses d'établissement.

Au 1er janvier 1853, le prix de la construction du chemin de fer de Saint-Germain s'élevait à la somme de 16 205 181 fr. 49 c., composée de :

Indemnités et acquisition de terrains...	1 971 048 fr.	60 c.
Terrassements......................	1 887 531	45
Souterrains, ponts, travaux d'art.......	2 997 527	18
Établissement de la voie, clôtures et plantations.......................	2 237 711	47
Entrée dans Paris.................	3 592 748	26
Gare du Pecq et stations intermédiaires	922 023	05
Frais généraux de la construction......	682 954	18
Chemin atmosphérique..............	1 487 161	59
Embranchement d'Argenteuil.........	426 505	41
	16 205 181 fr.	49 c.
Les dépenses pour travaux en cours d'exécution s'élèvent à la somme de.........	4 679 918	37
Ensemble......	20 885 100 fr.	22 c.

Ici devraient se placer, en suivant l'ordre des dates, les chemins de fer de Versailles *rive droite* (22 kilomètres) et *rive gauche* (17 500 mètres), qui ont été livrés à la circulation, l'un en 1839, l'autre en 1840. Mais nous avons déjà dit que les deux compagnies auxquelles appartenaient ces deux chemins se sont fusionnées avec la compagnie de l'Ouest, et nous avons parlé des chemins de Versailles à propos de cette dernière compagnie.

Les stations du chemin de fer de Versailles rive droite sont : Courbevoie, Puteaux, Suresne, Saint-Cloud, Ville-d'Avray et Viroflay.

Celles du chemin de fer de Versailles rive gauche sont : Vanvres, Meudon, Bellevue, Chaville et Viroflay.

La même observation s'applique à la ligne de Paris à Corbeil

(34 kilomètres), dont l'ouverture date du 20 septembre 1840, et qui a toujours été exploitée par la compagnie d'Orléans.

Les stations sont : Choisy, Villeneuve, Athis, Juvisy, Ris et Évry.

II.

CHEMIN DE FER DE PARIS A SCEAUX.

(11 450 mètres.)

Concédé le 6 septembre 1844. — Inauguré le 23 juin 1846.
Durée de la concession, 99 ans.

CONSEIL D'ADMINISTRATION.

MM. ARNOUX, ✻, président, rue Mont-Parnasse, 25.
BARBIER (Sainte-Marie), rue de Lafayette, 13.
DULONG, ✻, rue du Regard, 5.
GENTY DE BUSSY, ✻, quai Voltaire, 23.

Secrétaire du conseil :

M. BARLATIER, rue de Rivoli, 3.

Directeur :

M. LEROY, à la gare, barrière d'Enfer.

Ingénieur :

M. LAURENT, id. id.

Les statuts ont été homologués le 23 février 1845.

Ce chemin de fer a été concédé pour servir d'expérience et de spécimen à un système imaginé par M. Arnoux, et consistant dans l'application de voitures à trains articulés destinées à parcourir des courbes de très-faibles rayons sans craindre le déraillement. Si ce problème était complétement résolu, on comprend combien on pourrait réaliser d'économies dans l'exécution des chemins de fer, puisqu'on éviterait ainsi les très-grands terrassements et les travaux considérables qu'on est obligé d'exécuter pour obtenir des courbes à grands rayons. Nous savons qu'il est question d'appliquer ce système à d'autres lignes, notamment à des embranchements qu'il serait impossible d'exécuter à cause de leur cherté sans l'emploi de ce système.

L'étendue de la ligne de Sceaux est de 11 450 mètres, sur lesquels 4600 mètres sont en ligne droite et 6850 mètres en ligne courbe. Le plus petit rayon a 50 mètres. On sait que le minimum des rayons de courbe sur les chemins ordinaires est de 500 mètres, et que, par exception, on a permis dans ces derniers temps les rayons de 350 et de 300 mètres sur le Grand-Central et sur le chemin de Lyon à Genève.

Les travaux sont élégants et bien exécutés, sans être d'une grande importance. Il y a cinq viaducs en fonte et sept voûtes ou viaducs en maçonnerie. Le nombre des voyageurs varie de 3 à 400 000 par année.

Les stations sont Arcueil, Bourg-la-Reine et Fontenay-aux-Roses.

On exécute dans ce moment le prolongement de cette ligne de Bourg-la-Reine à Palaiseau, pour aller plus tard jusqu'à Orsay. Ainsi sera complétée l'expérience de la nouvelle invention de M. Arnoux, qui fonctionne depuis plus de six ans d'une manière régulière, et sans que des accidents survenus depuis cette époque puissent détourner les bons esprits d'arriver à cette conséquence, que l'on pourrait, pour tous les chemins de fer secondaires, adopter des courbes ayant des rayons de 200 mètres environ et exécuter des chemins de fer à raison de 250 000 francs le kilomètre.

L'indépendance des roues adoptée par M. Arnoux dans ses trains articulés a été longtemps l'objet de controverses et d'expériences ; ce qu'il y a de certain, c'est que ce système, diminuant dans une grande proportion la résistance dans les courbes, diminue par cela même l'usure des fusées et des bandages.

Il nous semble qu'il y a un véritable intérêt à ce que les expériences soient poussées plus loin, et que nous donnions ainsi la preuve que le reproche qu'on nous adresse de ne rien étudier à fond en France n'est pas justifié, et que nous savons, nous aussi, épuiser les questions et résoudre les problèmes de la pratique comme nous savons faire les découvertes et exposer les théories.

III.

CHEMIN DE FER DE CEINTURE.

(16809 mètres.)

Décrété le 10 décembre 1851. — Inauguration de la première section, le 12 décembre 1852.

Administration, rue de Provence, 47.

EXPLOITATION.

La compagnie de Rouen a délégué : MM. DE L'ESPÉE, ✻, président.
BLOUNT, ✻.

La compagnie de Lyon : MM. HOTTINGUER,
SEILLIÈRE (le baron).

La compagnie du Nord : MM. DELBECQUE, ✻,
PEREIRE (Émile).

La compagnie d'Orléans : MM. MARC, ✻,
DE RICHEMOND, ✻,

La compagnie de Strasbourg : MM. BAIGNIÈRES, O. ✻.
ROUX.

Le sécretaire du syndicat est M. CHAMBOLLE.
Le chef du service M. GAYRARD, ingénieur.
L'inspecteur des travaux M. A. LEROY.

Pour compléter le réseau des chemins de fer qui rayonnent autour de Paris, on termine dans ce moment le chemin de fer de ceinture, destiné à relier entre elles les lignes qui partent de la capitale, savoir : Orléans, Lyon, Strasbourg, le Nord et Rouen. La dépense a été approximativement fixée à 9 millions, sur laquelle les cinq compagnies reliées ont fourni chacune 1 million. A chaque point de jonction avec les différents chemins seront établis de vastes magasins servant d'entrepôt et destinés à éviter les intermédiaires entre le consommateur et le producteur, les frais de camionnage, le loyer dans Paris de lieux de chargement et de déchargement, enfin la manutention des marchandises. L'intérieur de la ville y gagnera par la diminution de l'encombrement dans les rues et le soulagement de l'entretien du pavé.

Nous ne saurions mieux faire, pour donner une idée de l'importance de ce travail, que de relater les termes contenus dans le rapport fait à ce sujet par M. le ministre des travaux publics, à l'appui du décret du 10 décembre 1851 :

« L'établissement autour de Paris d'un chemin de fer de ceinture destiné à relier les gares des lignes qui rayonnent de la capitale vers les principaux points du territoire est une entreprise essentiellement nationale, réclamée depuis longtemps par les intérêts commerciaux et militaires du pays.

« La commission centrale des chemins de fer, le conseil général des ponts et chaussées, le comité des fortifications, le conseil municipal de Paris, la commission instituée par M. le ministre de la guerre pour étudier la question des transports militaires par chemin de fer, en un mot tous les conseils appelés à donner leur avis sur le chemin de ceinture en ont unanimement reconnu l'utilité et l'urgence. »

C'est aussi le langage que tenaient les compagnies depuis six ans.

Le développement du chemin de ceinture est de 16 kilomètres 809 mètres ; il part des Batignolles ; où il se relie directement au chemin de fer de Rouen et à celui de l'Ouest au moyen des aiguilles de raccordement ; il passe sous les lignes du Nord et de Strasbourg en se raccordant avec elles dans la plaine d'Aubervilliers, en dedans des fortifications ; il se réunit ensuite à un petit embranchement particulier à ces deux chemins, et exploité déjà depuis plus d'un an ; il traverse par un souterrain les hauteurs de Belleville et de Charonne ; il se raccorde au chemin de Lyon, près des fortifications, et se termine au chemin d'Orléans, après avoir franchi la Seine sur un pont de 200 mètres de longueur entre les culées et ayant quatre piles en rivière.

Le chemin de fer de ceinture sera à deux voies sur tout son parcours ; les rails seront du poids de 37 kilogr. et demi. Les voies principales sont posées sur traverses du système Pouillet : on sait que dans ce système les traverses se composent d'un madrier en chêne de cinq centimètres d'épaisseur, muni à ses deux extrémités (au droit des coussinets fixés à boulons) de deux plateaux de 0,60, afin de donner une plus grande stabilité à la voie.

C'est le gouvernement qui construit le chemin de ceinture en entier, à ses risques et périls, et il s'est engagé à le livrer entièrement terminé dans le délai de deux années.

L'exploitation reste à la charge des cinq compagnies qui coopèrent à son exécution, et cela pendant toute la durée de leur concession. Il sera administré par un syndicat composé de délégués des cinq compagnies intéressées, dont nous avons publié les noms plus haut.

La commission syndicale sera chargée, aux termes du décret relatif à l'établissement du chemin de fer de ceinture, de la surveillance, de l'entretien et de l'exploitation de cette voie de raccordement des gares des cinq principaux chemins de fer qui aboutissent à Paris.

Dès à présent, le tarif a été fixé à raison de 0^f,05 par kilomètre pour les voyageurs, et de 0^f,18 par tonne et par kilomètre pour les marchandises, avec cette condition que la distance payée ne pourra jamais être moindre que 6 kilomètres.

L'établissement du chemin de fer de ceinture présentait d'assez grandes difficultés de tracé. Il fallait le faire passer en dedans des fortifications dans une zone très-restreinte, et l'on rencontrait d'assez grandes différences de niveau dans les terrains. Nous donnons un aperçu des principaux travaux qu'il a nécessités.

En sortant des Batignolles, on rencontre le pont de Clichy, qui a trois travées, dont deux en maçonnerie et une en tôle; puis, sous la route de Saint-Denis, il y a un pont en tôle avec voûtes en briques. Ce pont a été essayé dernièrement. On l'a chargé d'un poids de 100 tonnes environ, et les poutres n'ont fléchi que de quelques millimètres. Ce pont a été exécuté sans interrompre le service du chemin de fer du Nord sur aucune de ses voies, et cela présentait une certaine complication; c'est la première fois probablement qu'on établit sous un chemin de fer en exploitation un passage destiné lui-même à un railway. Le même travail a été exécuté sous le chemin de fer de Strasbourg, et ce pont est plus intéressant encore que celui qui le précède, parce qu'il est d'une longueur plus grande et qu'il est en courbe. Vient ensuite le viaduc sous la route de Flandre, en courbe de 700 à 800 mètres de rayon et de 660 mètres de développement, puis le pont sur les bassins de La Villette et le viaduc de la route d'Allemagne, de 180 mètres de développement.

Dans les communes de Belleville et de Charonne, il était impossible de faire passer le chemin de fer à ciel ouvert; aussi le chemin de ceinture entre (à la limite des communes de La Villette et de Belleville, à l'endroit où s'exploitent les carrières du Centre) dans un grand souterrain de plus d'un kilomètre de longueur. Il passe ainsi sous Belleville au-dessous de la rue de La Villette et de la Grande-Rue de Paris, à une profondeur qui, dans certains endroits, n'est pas moindre de 38 mètres; il reparaît à ciel ouvert au bas de la rue de la Mare (c'est là que se trouve la station de Belleville), près la chaussée de Ménilmontant, traverse cette chaussée sous un pont, rentre en souterrain à quelques pas de là, à la limite des communes de Belleville et de Charonne, parcourt ainsi la commune de Charonne pendant un espace de plus de 900 mètres jusqu'à la rue de Paris, et aboutit sur cette commune à la rue de Lagny, qui est le point de division entre Charonne et Saint-Mandé. Les tunnels de Belleville et de Charonne ensemble ont une longueur de plus de 2 kilomètres.

A Saint-Mandé, le chemin franchit à niveau l'avenue de Vincennes, et traverse quelques-unes des propriétés de l'avenue du Bel-Air et de la rue Montgenot.

Dans la commune de Bercy, le chemin entre dans de nombreux et importants marais, et, après avoir traversé la route de Genève et le chemin de Lyon, traverse jusqu'au quai la propriété de M. de Nicolaï, dans la portion située entre le mur d'enceinte, le chemin de fer de Lyon, la Seine et la rue Grange-aux-Merciers.

En ces points, il y a encore à remarquer : le pont à trois arches du cours de Vincennes, celui sous la route de Genève, le pont sur le chemin de Lyon, enfin le dernier pont sur la Seine, à Bercy, avec les viaducs qui y conduisent, et dont nous allons dire un mot; ils constituent le dernier travail d'art du chemin de ceinture.

Le pont de Bercy présente un système de construction assez remarquable; il est en moellons, et les arches, de 34 mètres d'ouverture, sont bandées en arc de cercle. Ce pont sera double, c'est-à-dire que d'un côté passeront le chemin de fer et les locomotives; de l'autre, un tablier établi en chaussée permettra le passage des piétons et des voitures. A la suite de ce pont de Bercy régnera un viaduc de quarante arches en meulières donnant une longueur totale de 300 mètres, et d'une hauteur de 8 mètres au-dessus du niveau du quai pour le passage du chemin de fer ; à côté de ce viaduc en courbe, et tangentiellement sur une partie de sa longueur, sera un autre viaduc destiné à raccorder la route ordinaire avec le pont. La construction de ces trois travaux remarquables est confiée à M. Marquet, ancien juge au tribunal de commerce, dont l'habileté nous est un sûr garant d'une bonne et prompte exécution.

Au moment où nous écrivons, le chemin de fer de ceinture est très-avancé ; il sera très-probablement achevé au mois de janvier 1854.

La section comprise entre la gare du chemin de Rouen et la gare du chemin du Nord et de Strasbourg a été inaugurée, sur 6 kilomètres, pour les marchandises seulement.

L'inauguration a eu lieu le 12 décembre 1852. A une heure et demie, le convoi, remorqué par la locomotive *Meulan*, pavoisée de drapeaux et ornée de guirlandes de feuillages, est partie de la gare du chemin de fer de Rouen, dirigée par M. Gustave de Lapeyrière. Le parcours de cette ligne courbe qui longe les fortifications s'est effectué en un quart d'heure.

Un peu au delà de la gare du Nord, il y a une solution de continuité qui a été franchie à pied sur une distance de 300 mètres environ ; puis une machine locomotive du chemin de fer du Nord a remorqué le convoi jusqu'à la gare de Strasbourg.

La partie exploitée depuis le 1er janvier a donné lieu, après 107 jours, à un mouvement de 33 248 tonnes réparties, entre les trois chemins reliés de la manière suivante :

Pour le chemin du Nord....................	19 443 tonnes.
— de Strasbourg..............	8 102
— de Rouen.....................	5 703
	33 248 tonnes.

C'est une moyenne de 311 tonnes par jour.

L'exécution du chemin de fer de ceinture a donné lieu, à plusieurs reprises, à l'application de la loi du 3 mai 1840 sur l'expropriation pour cause d'utilité publique. En ce qui concerne la section qui

passe par les communes de Batignolles, de Saint-Ouen et de Mont
martre, les expropriations ont été faites sans difficulté et sans dé-
bats importants ; mais pour la section qui passe sur les communes
de Saint-Mandé, d'Ivry et do Bercy, les offres de l'administration
par rapport aux demandes des particuliers se sont trouvées dans la
proportion de un à trois.

Les stations principales seront :

L'avenue de Clichy............	aux Batignolles.
— de Saint-Ouen.........	à Montmartre.
La route de Saint-Denis.........	à La Chapelle.
— d'Allemagne...........	à la Petite Villette.
La rue de la Mare............	à Belleville.
— de Paris.............	à Charonne.
— de Montreuil...........	à Montreuil.
Le cours de Vincennes.........	à Saint-Mandé.
Et le quai de Bercy...........	à Bercy.

En résumé, le chemin de ceinture, qui a 16 809 mètres de
longueur y compris les raccordements, a 15 180 mètres de longueur sur la ligne principale, qui comporte 8942 mètres en ligne
droite, 6248 mètres en ligne courbe ; sur ce dernier chiffre,
1449 mètres seulement sont en courbe de 1000 mètres de rayon,
2430 en courbe de 800 mètres, 1056 en courbe de 700 mètres,
et 1313 en courbe de 600 mètres, 400 et même 340 mètres de
rayon. Le profil en long épouse à peu près la forme du terrain naturel, et c'est pour cela qu'on rencontre des pentes et rampes assez
fortes.

Sur 2252 mètres le chemin est en palier.

— 1067	—	—	en rampe de 11 à 10 millimètres.	
— 1440	—	—	— de 9	—
— 2473	—	—	— de 8	—
— 3950	—	—	— de 7 à 6	—
— 4298	—	—	— de 5 à 2	—

15 180 mètres.

Il y a neuf passages à niveau, dont les plus importants sont ceux
de l'avenue de Saint-Ouen, de Vincennes et de l'avenue du Bel-

Air à Saint-Mandé. Il y a dix-sept ponts sous le chemin de fer le quatorze en dessus ; mentionnons enfin les deux souterrains de Belleville et de Charonne.

On voit que Paris sera bientôt doté d'un chemin intérieur comme Londres, et que les travaux qui y seront exécutés ne comprendront ni moins de difficultés ni moins d'intérêts que ceux de la capitale de la Grande-Bretagne.

PRODUITS BRUTS

DE L'EXPLOITATION DES CHEMINS DE FER

FRANÇAIS.

Nous croyons intéressant de rapporter le tableau ci-après, qui donne, en 1851 et en 1852, les longueurs kilométriques exploitées et les produits par trimestre. On voit que les recettes du dernier exercice se sont accrues d'environ vingt-cinq millions et demi, et que le revenu kilométrique des chemins de fer, qui en 1851,

était de. . . . .   32 345 fr.

S'est élevé en 1852 à. 35 673

Ce qui donne une différence de. . . . .   3 317 fr.
par kilomètre à l'avantage de 1852.

Les recettes sur les chemins de fer, en France, atteignent, comme on le voit, des chiffres considérables dont on se ferait difficilement l'idée s'ils ne résultaient pas de statistiques relevées avec le plus grand soin.

Pour les voyageurs :

Les plus fortes recettes sont aux mois d'août et de septembre.
Les plus faibles recettes sont aux mois de janvier et de février.

Pour les marchandises :

Les plus fortes recettes sont aux mois d'octobre et de novembre.
Les plus faibles recettes sont au mois de juin.
Et les plus fortes recettes totales correspondent comme pour les voyageurs aux mois d'août et de septembre, comme les plus faibles correspondent aux mois de janvier et de février.

Les mêmes résultats paraissent avoir été constatés de 1842 à 1850 sur les chemins de fer anglais et sur les chemins de fer de Belgique.

Le tableau qui précède donne les résultats des recettes de 1852 comparés aux recettes de 1851, pour chaque chemin de fer. Nous allons maintenant indiquer les recettes du premier semestre de 1853 comparées aux recettes du premier semestre correspondant en 1852. Cette comparaison donne les résultats suivants :

LIGNE DU NORD-OUEST.

Paris à Rouen.

La recette a été, pendant le 1er semestre de 1853, de	4 862 469 fr.
Pendant le 1er semestre de 1852, de..........	4 412 260
Ce qui donne, en faveur de 1853, une différence de...............	450 209

Rouen au Havre.

1er semestre de 1853...................	2 020 751
— 1852...................	1 777 569
Différence en faveur de 1853...........	243 182

Rouen à Dieppe.

1er semestre de 1853...................	400 994
— 1852...................	383 736
Différence en faveur de 1853...........	17 258

LIGNE DU NORD.

1er semestre de 1853...................	15 454 700
— 1852...................	13 369 890
Différence en faveur de 1853...........	2 084 810

LIGNES DE L'EST.

Paris à Strasbourg et Frouard à Forbach.

1er semestre de 1853...................	11 202 645
— 1852...................	6 185 440
Différence en faveur de 1853...........	5 017 475

Strasbourg à Bâle.

1er semestre de 1853............................	1 397 553 fr.
— 1852............................	1 147 178
Différence en faveur de 1853.................	250 375

Mulhouse à Thann.

1er semestre de 1853............................	91 000
— 1852............................	82 949
Différence en faveur de 1853.................	8 051

LIGNE DE PARIS A LA MÉDITERRANÉE.

Paris à Lyon.

1er semestre de 1853............................	9 254 608
— 1852............................	7 843 074
Différence en faveur de 1853.................	1 411 534

Lyon à la Méditerranée.

1er semestre de 1853............................	2 145 000
— 1852............................	1 865 749
Différence en faveur de 1853.................	279 281

Rive droite du Rhône.

1er semestre de 1853............................	1 670 000
— 1852............................	1 732 467
Différence en faveur de 1852.................	62 467

LIGNES DE PARIS AU CENTRE ET A L'OUEST.

Paris à Orléans et ses prolongements.

1er semestre de 1853............................	15 665 925
— 1852............................	12 955 878
Différence en faveur de 1853.................	2 710 047

LIGNES DE JONCTION DE LA LOIRE AU RHÔNE.

Andrezieux à Roanne.

1er semestre de 1853......................	542 450 fr.
— 1852......................	529 683
Différence en faveur de 1853......................	12 767

Saint-Étienne à Andrezieux.

1er semestre de 1853......................	242 928
— 1852......................	207 257
Différence en faveur de 1852......................	35 671

Saint-Étienne à Lyon.

1er semestre de 1853......................	2 814 606
— 1852......................	2 263 650
Différence en faveur de 1853......................	550 956

LIGNES DU MIDI.

Bordeaux à la Teste.

1er semestre de 1853......................	102 000
— 1852......................	97 077
Différence en faveur de 1853......................	4 923

LIGNE DE L'OUEST.

Paris à la Loupe.

1er semestre de 1853......................	1 678 926
— 1852......................	1 331 806
Différence en faveur de 1853......................	347 120

Paris à Versailles (rive droite).

1er semestre de 1853......................	774 912
— 1852......................	780 302
Différence en faveur de 1852......................	5 390

Paris à Versailles (rive gauche).

1er semestre de 1853........................	406 261 fr.
— 1852........................	374 413
Différence en faveur de 1853..................	31 848

CHEMINS DE FER DES ENVIRONS DE PARIS.

Paris à Saint-Germain.

1er semestre de 1853........................	638 082
— 1852........................	600 431
Différence en faveur de 1853..................	37 651

Dans ces chiffres ne sont pas comprises les redevances de Rouen et de l'Ouest, qui, en 1852, étaient de 426 260, et se sont élevées, en 1853, à 480 000 fr...

Paris à Sceaux.

1er semestre de 1853........................	134 857
— 1852........................	124 200
Différence en faveur de 1853..................	10 657

Chemin de ceinture.

1er semestre de 1853........................	61 647

Au 1er semestre de 1852, le chemin de ceinture n'était pas en exploitation.

CHEMINS DE FER ÉTRANGERS.

Comme nous le disions au commencement de cette notice, l'Angleterre, la Belgique, les États-Unis et l'Allemagne nous ont précédés et sont restés longtemps au-dessus de nous dans la construction des chemins de fer. Nous avons marché d'abord timidement ; puis les déceptions qui sont survenues nous ont retardés ; enfin nous nous sommes décidés à suivre nos devanciers ; nous avons été effrayés des progrès de nos voisins, et, comme on l'a vu, l'année 1852 et l'année 1853 ont été fécondes en projets et en exécution de chemins de fer. Voyons maintenant avec quel bagage nous entrons dans cette lice de toutes les nations :

	Nous avions en 1851,	en 1852,	en 1853 :
Longueurs construites.....	3307	3708	4070 kilom.
— en construction..	1377	1397	1890
— à construire......	1876	2600	3665
	6560	7705	9625 kilom.

A l'heure où nous écrivons, de nouveaux projets s'élaborent, de nouvelles concessions sont faites, et il est certain que l'année prochaine ces chiffres augmenteront encore.

Quelle est cependant la situation des autres pays ?

1° En Allemagne.

Il y avait............ en 1852 ou plutôt à la fin de 1852 :

Longueurs construites.	8098 kilomètres.
— en construction	1575
— à construire...	1506
	11 179

En 1852, le chemin de Saarbruck à Forbach, sur 25 kilomètres, a été livré à la circulation; on a achevé la grande ligne transversale qui conduit des bords du Mein à Berlin.

La Prusse a inauguré deux importantes sections de sa ligne de l'Est : l'une de Bromberg à Dantzick, sur 150 kilomètres, l'autre de Dirschaux à Braunberg, sur 80 kilomètres. Ainsi la grande voie qui doit unir Berlin à Saint-Pétersbourg n'est plus distante de Kœnigsberg que de 70 kilomètres.

Le tronçon d'Aix-la-Chapelle à Dusseldorf, long de 50 kilomètres, est livré à la circulation. Enfin, pendant le cours de 1852 seulement, en Prusse et dans les États secondaires, il a été livré près de 300 kilomètres de plus à la circulation, ce qui constitue, pour cette partie de l'Allemagne seulement, 2952 kilomètres.

En Autriche, de nombreux projets sont à l'étude ou en construction. On peut citer entre autres le chemin de fer de Vérone à la frontière de Bavière, pour l'achèvement duquel un traité a été fait avec la Bavière.

Les autres États de l'Allemagne, à l'exception de la Hongrie, sont dotés de chemins de fer et s'occupent à compléter leur réseau.

2° En Belgique.

Les chemins de fer appartiennent, pour la plus grande partie, à l'État. Longtemps on a dit : le chemin de fer belge, jusqu'au jour où des concessions ont été accordées, ont divisé les intérêts et ont nécessité des administrations distinctes.

C'est dans ce pays surtout qu'on n'hésite pas à créer des entreprises rivales aboutissant au même point, mais desservant des localités intermédiaires différentes. Cela s'explique surtout par la facilité que présente l'exécution des chemins de fer dans un pays presque constamment de niveau.

Il y avait.................. .... en 1852, en 1853.

		en 1852	en 1853
Longueurs construites...............		873	900 kilom.
—	en construction...........	30	20
—	à construire.............	573	650
		1476	1570 kilom.

sur lesquels le chemin de l'État, le premier exécuté, figure pour 556 kilomètres.

3° En Danemark.

Il y avait, en 1852, 242 kilomètres de longueur construite; il n'y avait rien en construction, rien en préparation. Enfin, dernièrement le roi de Danemark a approuvé la prolongation du chemin de fer de Rœskide à Korsœr.

4° En Espagne.

Il y avait............ en 1851 et au commencement de 1852 :

Longueurs construites.... 76 kilomètres.
— en construction.... 145
— à construire...... 950
                       ———
                       1171

Pendant le cours de l'année 1852 on a ouvert la section de Grao à Silla et Bonifoyo, sur une étendue de......... 26 kilomètres.
Et celle de Langreo à Gijon, sur.............. 24
                       Ensemble................ 50
                                                 ——

On a concédé nouvellement les chemins :

1° De Barcelone à Tarragone; 2° de Séville à Cordoue; 3° d'Alcazar à Ciudad-Réal; 4° de Mataro à Aveyns; 5° de Tarragone à Reuss; 6° de Séville à Cadix; 7° de Murcie à Alméria; 8° de Cordoue à Malaga; 9° de Saragosse à Barcelone; 10° d'Alicante à Almanza. Ce dernier est déjà en construction.

L'année prochaine, nous aurons à changer les chiffres peu importants que nous donnons cette année.

5° En Angleterre.

On a maintenant livré à la circulation... 12 049 kilomètres.

Il reste à construire.................... 9 575

En sorte qu'on a déjà concédé......... 21 624

En 1851, il n'y avait encore que 11 108 568 kilomètres de construits.

En 1852 seulement, on a ouvert en Angleterre, en Écosse et en Irlande 781 kilomètres.

Il y a en Angleterre plus de 200 compagnies de chemins de fer, qui occupent en moyenne 600 employés, en sorte que le personnel proprement dit des chemins de fer représente environ 120 000 individus.

Le capital engagé dans ces opérations peut être estimé à plus de 7 milliards.

Les recettes augmentent d'année en année, et l'on remarque en même temps que la recette par kilomètre diminue; ainsi les recettes réunies se sont élevées, en six ans, de 196 millions en 1846 à 384 millions en 1852, et la recette kilométrique a baissé de 51 378 fr. à 36 181 fr. dans la même période.

Laissons parler le capitaine Simons dans le rapport remarquable qu'il a fait aux lords du conseil privé.

Il constate la situation des chemins de fer de la Grande-Bretagne de la manière suivante, au 31 décembre 1851 :

Il y avait alors en circulation en Angleterre et dans le pays de Galles 5306 milles ou 840 kilomètres ; en Écosse, 960 milles ou 1545 kilom. ; en Irlande, 624 milles ou 1000 kilom. Total pour la Grande-Bretagne, 5890 milles ou 11085 kilom.

Par suite de la concession de différentes lignes, ce chiffre devrait s'élever à 120000 milles, ou plus de 19000 kilom.; mais déjà le parlement a autorisé différentes compagnies à ne pas construire les lignes concédées. D'autres compagnies se trouvent dans l'impuissance de remplir les conditions de leur contrat. De sorte qu'en réalité il ne reste à construire que 3885 milles ou 6245 kilomètres.

Voici la proportion dans laquelle on a ouvert successivement les lignes en circulation depuis 1843. En circulation au

31 décembre 1843.........	2036 milles ou	3347 kilomètres.
Ouverts en 1844.........	204	348
1845.........	295	406
1846.........	606	660
1847.........	803	1352
1848.........	1182	2040
1849.........	859	1500
1850.........	625	1000
1851.........	268	473
Total.............	6879 milles ou	11086 kilomètres.

Le capital des compagnies dont les chemins sont en exploitation s'élevait, à la fin de 1850, à 240.290744 livres sterling, soit 6 206 758 650 fr. Les personnes employées étaient, le 31 juin 1851, au nombre de 106 501.

6° En Hollande.

En 1852, il y avait deux chemins en exploitation : le chemin Rhénan et le chemin de Rotterdam à Amsterdam, faisant ensemble 176 kilomètres.

Plusieurs lignes sont en construction ou projetées, mais les dépenses absorbées par le desséchement du lac de Harlem sont un obstacle au développement des voies de communication.

Cependant le gouvernement hollandais s'est entendu récemment avec la Belgique pour faire spécialement un chemin de fer qui, partant de la station des chemins de fer de l'État belge à Anvers, se dirigera vers le Hollandsch-Diep, où il aboutira près de Roodewert ou de Moerdyck, en passant soit par Roosendaal, soit par Bréda.

7° En Italie.

A la fin de 1851 et au commencement de 1852, les chemins de fer de l'Italie se répartissaient de la manière suivante :

	Les États sardes.	La Toscane.	Les Deux-Siciles.
Longueurs construites.	124 kilom.	247 kilom.	100 kilom.
— en construction.	98	15	»
— à construire...	155	»	»
	377	262	100

Les États romains n'avaient pas 1 kilomètre de chemin de fer. La position n'a pas changé à cet égard en 1853.

Seulement, pendant l'année 1852, les États sardes ont inauguré la ligne de Turin à Saviglione.

Le chemin de Turin à Chambéry est concédé, et celui de Turin à Suze est voté.

La Toscane fait également des projets, aussi bien que les Deux-Siciles ; mais il semble que les États romains soient frappés de stupeur, et, à l'exception de la ligne de Rome à Bologne et au port d'Ancône qui vient d'être concédée et dont les travaux sont commencés, il n'est question d'aucune ligne de chemin de fer.

La grande affaire, aujourd'hui, c'est la construction du grand chemin de fer du centre de l'Italie.

8° En Russie et en Pologne.

Il y avait........................ en 1852 :

Longueurs construites.................	1148 kilomètres.
— en construction.............	1070
— à construire.................	1103
Ensemble..............	3321

On travaille activement aux travaux de la grande ligne qui doit unir Varsovie à Saint-Pétersbourg, et qui a 1000 kilomètres environ ;

on s'occupe aussi de fixer les bases d'après lesquelles se fera la jonction de l'est de la Prusse avec la Russie.

La ligne la plus importante est celle de Saint-Pétersbourg à Moscou, qui a 680 kilomètres.

9° En Suède et en Norvége.

La position ne paraît pas avoir changé beaucoup depuis 1852, mais bientôt le réseau se complétera, grâce à l'intervention d'une compagnie anglaise à laquelle on a concédé toutes les lignes à construire.

10° En Suisse.

Dans ces derniers temps on s'est beaucoup occupé en France et en Angleterre de la construction d'un réseau de chemins de fer dans la Suisse, qui ne possède jusqu'à présent que deux petites lignes formant ensemble une longueur de 29 kilomètres, savoir : la ligne de Bâle à Saint-Louis, de 4 kilomètres, et celle de Bâle à Zurich, de 25 kilomètres.

Aujourd'hui il est question des lignes suivantes :

1° De la frontière de Thurgovie à Romanshorn sur le lac de Constance; 2° de Rorsack près de Saint-Gall à Wyll; 3° de Lucerne à Zofingen; 4° de Morges à Iverdun. Cette dernière ligne reliera le lac de Genève au lac de Neufchatel.

11° En Turquie.

En 1852, il n'y avait pas 1 kilomètre de chemin de fer : aujourd'hui il est question du chemin de fer de Belgrade à Constantinople; mais rien ne peut faire supposer, en présence surtout des bruits de guerre, que l'exécution puisse en être prochaine.

12° États-Unis d'Amérique.

Il y a maintenant, dans ce riche et beau pays, des chemins de fer dont l'importance est très-considérable, et il suffit de donner les chiffres suivants pour l'apprécier.

Lignes en exploitation......	17 976 kilomètres.
— à construire.........	17 810
Total......	35 786

Tous les jours de nouveaux projets s'élaborent, et l'on ne s'arrêtera pas de longtemps dans cette voie du progrès.

Nous terminons notre notice par les trois tableaux suivants : le premier donne les longueurs kilométriques que possèdent les différents États de l'Europe et de l'Amérique, le nombre de kilomètres en construction et le nombre de kilomètres à construire pour 1853. Le second donne la comparaison des longueurs kilométriques en 1852 et en 1853 dans les divers États. Le troisième, qui se déduit des deux premiers, donne le classement des États d'Europe d'après les longueurs de chemins de fer construits en 1852 et en 1853, en comparant ces longueurs d'une part à la surface, d'autre part à la population.

On reconnaît ainsi que la France occupe aujourd'hui en 1853 le cinquième rang dans les États de l'Europe en ce qui concerne l'importance de ses chemins de fer, comparés tant à la surface qu'à la population.

Elle possède 770 mètres de chemins de fer par myriamètre carré de surface, et 113 kilomètres 700 mètres par million d'habitants.

TABLEAU RÉCAPITULATIF
DES GRANDS RÉSEAUX DE CHEMINS DE FER EN 1855.

ÉTATS.	Territoire en myriamètres carrés.	Population.	LONGUEURS			
			Construites.	En construction.	À construire.	Totales.
Europe. Allemagne[1]	11 870	71 526 000	8 398	1 635	1 606	11 639
Belgique	294	4 524 000	900	20	650	1 570
Danemark	570	2 132 000	242	»	100	342
Espagne	4 730	14 216 000	76	240	800	1 116
France	5 276	35 782 000	4 070	1 890	3 665	9 625
Gr.-Bretagne[2]	3 095	27 323 000	12 049	1 398	8 177	21 624
Grèce	480	1 003 000	»	»	»	»
Hollande	360	3 242 000	176	27	72	275
Italie[3]	2 630	19 007 000	527	215	1 030	1 772
Portugal	930	3 550 000	»	»	»	»
Russie	53 500	63 600 000	1 148	1 200	1 903	4 251
Suède et Norvége	7 600	4 650 000	»	70	»	70
Suisse	392	2 425 000	27	»	500	527
Turquie	5 240	15 500 000	»	»	»	»
Totaux pour l'Europe	96 967	268 480 000	27 613	6 695	18 503	52 811
Amérique. États-Unis[4]	24 849	22 327 000	17 411,5	17 514,2		34 925
Prov. anglaises	»	»	35	96		35
Californie	»	»	»			96
Cuba	»	»	530			530
Panama	»	»	»	48	32	80
Chili	»	»	»	100	»	100
Pérou	»	»	»	20	»	20
Totaux pour l'Amérique	»	»	17 976,5	17 810,2		35 786

NOTES.

		Territoire	Population	Construites.	En construction.	À construire.	Totales.
1. Allemagne.	Autriche	6 710	38 426 000	2 357	420	850	3 620
	Prusse	2 790	16 206 000	2 952	460	»	5 412
	États second[s]	2 370	16 894 000	3 089	755	856	4 680
2. Gde-Bretag.	Angleterre	1 501	17 918 000	9 843	1 046	5 679	16 568
	Écosse	767	2 889 000	1 325	60	1 242	2 627
	Irlande	827	6 516 000	881	292	1 256	2 429
3. Italie.	États Sardes	740	4 879 000	180	200	300	680
	Toscane	220	1 787 000	247	15	150	412
	Deux-Siciles	1 090	8 423 000	100	»	»	100
	États romains	450	2 898 000	»	»	300	300
	Principautés	130	1 020 000	»	»	280	280
4. États-Unis.	Nord	2 834	5 825 000	7 561,3	2 154	»	9 715,3
	Est	4 462	5 784 000	4 010,7	3 580,6	»	7 591,3
	Sud	8 597	4 552 000	2 387,6	2 848,9	»	5 236,5
	Ouest	8 956	6 186 000	3 451,9	8 930,7	»	12 382,6

TABLEAU COMPARATIF DES CHEMINS DE FER EN 1852 ET 1853.

RÉSULTATS GÉNÉRAUX.

	1852.			1853.			
	Construits.	En construction ou à construire.	Total des lignes autorisées.	Construits.	En construction.	A construire.	Total des lignes autorisées.
	kil.	kil.	kil.	kil.	kil.	kil.	kil.
En Europe..........	25 866	19 497	45 363	25 866	6 695	18 503	52 011
En Amérique..........	17 976	17 810	35 786	17 976	17 810		35 786
Ensemble..........	43 842	37 307	81 149	45 589	43 008		86 597

DÉTAILS.

	1852.			1853.			
	Construits.	En construction ou à construire.	Total des lignes autorisées.	Construits.	En construction.	A construire.	Total des lignes autorisées.
	kil.	kil.	kil.	kil.	kil.	kil.	kil.
France..........	3 670	3 253	6 923	4 070	1 890	3 665	9 625
Grande-Bretagne.......	11 085	8 575	19 660	12 049	1 898	8 177	21 624
Allemagne..........	8 098	3 081	11 179	8 398	1 635	1 606	11 639
Belgique..........	873	603	1 476	900	20	650	1 570
Autres États européens...	2 140	3 985	6 125	2 196	1 752	4 405	8 353
États-Unis..........	17 411	17 514	34 925	17 411	17 514		34 925
Autres États américains..	565	296	861	565	296		861
Ensemble........	43 842	37 307	81 149	45 589	43 008		88 507

CLASSEMENT DES ÉTATS D'EUROPE.

D'APRÈS LES LONGUEURS DES CHEMINS DE FER CONSTRUITS.

ÉTATS.	NOMBRE DE KILOMÈTRES CONSTRUITS par myriamètre carré de surface.	
	En 1852.	En 1853.
	kilom.	kilom.
1. La Grande-Bretagne	3,58	3,91
2. La Belgique.............	2,97	3,06
3. Les États secondaires de l'Allemagne...........	1,30	1,30
4. La Prusse..............	0,95	1,06
5. La France........	0,66	0,77

ÉTATS.	NOMBRE DE KILOMÈTRES CONSTRUITS par million d'habitants.	
	En 1852.	En 1853.
	kilom.	kilom.
1. La Grande-Bretagne......	389,8	440,9
2. La Belgique.............	191,0	221,0
3. Les États secondaires de l'Allemagne...........	182,8	185,2
4. La Prusse.............	103,6	182,1
5. Le Danemark...........	113,5	113,5
6. La France.............	102,5	113,7

FIN

TABLE DES MATIÈRES.

FIN DE LA TABLE.

Imprimerie de Ch. Lahure (ancienne maison Crapelet)
rue de Vaugirard, 9, près de l'Odéon.

PRODUITS BRUTS DE L'EXPLOITATION DES CHEMINS DE FER FRANÇAIS.

ANNÉES 1852 ET 1851.

NOMS des CHEMINS	1852 Longueur exploitée (réduite)	1852 Premier trimestre	1852 Deuxième trimestre	1852 Troisième trimestre	1852 Quatrième trimestre	1852 Année entière	1851 Longueur exploitée (réduite)	1851 Premier trimestre	1851 Deuxième trimestre	1851 Troisième trimestre	1851 Quatrième trimestre	1851 Année entière	Recettes par kilomètre 1852	Recettes par kilomètre 1851
		fr.	fr.	fr.	fr.	fr.		fr.	fr.	fr.	fr.	fr.	fr.	fr.
Nord et Boulogne	710	6 065 898	7 303 992	8 371 026	8 192 427	29 933 343	710	5 480 258	6 501 292	8 499 989	6 729 473	27 211 005	42 159	38 325
Anzin à Somain	19	38 717	34 572	54 092	66 443	193 824	19	30 093	35 095	38 277	38 065	141 520	10 201	7 448
Est. — Paris à Strasbourg	549	2 775 597	3 600 190	4 939 326	5 103 022	16 418 135	364	1 536 655	2 131 031	2 929 401	2 679 092	9 279 179	29 905	25 492
Alsace. Mulhouse à Thann	21	37 623	45 326	50 440	51 027	184 416	21	34 112	38 873	46 219	41 312	160 516	8 781	7 643
Alsace. Strasbourg à Bâle	141	518 859	628 319	823 140	728 514	2 698 832	141	448 936	583 676	698 057	564 123	2 294 792	19 140	16 275
Paris à Lyon	383	3 478 988	4 364 086	5 125 869	4 964 084	17 934 027	328	1 657 576	2 559 377	4 342 288	3 875 027	12 434 268	46 825	37 909
Montereau à Troyes	100	323 923	361 597	401 242	322 911	1 409 673	100	300 701	322 303	325 463	259 439	1 207 906	14 096	12 079
Saint-Étienne à Lyon	66	1 082 250	1 181 400	1 342 883	1 460 086	5 066 619	66	1 023 548	1 051 187	1 233 941	1 271 940	4 586 616	76 761	69 494
St-Étienne à Andrezieux	18	97 444	109 813	116 373	132 604	456 234	18	83 563	95 862	97 236	44 648	322 309	25 346	17 905
Andrezieux à Roanne	68	263 623	266 060	267 045	191 850	988 578	68	186 363	204 454	206 026	370 795	908 238	14 538	13 356
Avignon à Marseille	120	830 593	1 035 126	1 289 255	1 182 129	4 337 103	120	741 912	835 542	1 066 173	895 191	3 538 818	36 142	29 490
Chemins du Gard	93	501 955	520 235	972 019			93	515 424	494 245	876 638				
Montpellier à Nîmes	53	216 712	241 365		1 045 425	3 899 722	53	201 705	224 588		888 051	3 559 785	22 412	20 409
Montpellier à Cette	28	130 950	121 250	149 811			28	103 985	105 555	143 593				
Bordeaux à la Teste	53	43 554	52 523	102 122	49 928	248 127	53	45 080	52 097	105 099	43 945	216 221	4 681	4 616
Ouest	99	602 135	729 571	728 978	818 633	2 879 417	88	468 725	589 301	624 201	601 482	2 283 709	29 085	25 951
Paris à Versailles (rive dr.)	23	272 923	507 379	580 351	354 670	1 715 329	23	228 804	448 220	633 241	277 646	1 583 511	74 588	68 448
Paris à Versailles (rive g.)	17	134 508	239 905	272 489	115 312	822 214	17	125 023	229 241	282 292	132 960	770 216	48 365	45 306
Paris à Rouen	140	1 994 653	2 417 600	2 987 215	2 328 136	9 727 615	140	1 764 194	2 135 981	2 784 008	2 012 619	8 697 002	69 463	62 121
Rouen au Havre	92	821 093	956 476	1 159 748	965 320	3 902 637	92	706 257	870 025	1 132 165	792 481	3 500 928	42 419	38 053
Dieppe et Fécamp	51	155 296	228 440	313 757	207 399	904 892	51	146 477	165 428	272 978	171 010	755 893	17 743	14 821
Paris à Orléans et Corbeil	133	2 708 696	4 332 290				133	2 275 382	3 715 984					
Centre	244	1 103 482		6 556 631	7 263 249	26 775 759	244	966 032		6 111 261	5 916 124	21 881 697		
Orléans à Bordeaux	254	1 435 253	1 752 493	1 920 153			162	920 589	1 078 920				32 377	32 226
Tours à Nantes	196	703 511	920 153				140	388 820	509 289					
Paris à Saint-Germain	26	189 973	410 458	496 474	401 750	1 498 655	24	178 378	374 615	483 052	223 185	1 259 730	57 640	52 488
Paris à Sceaux	11	35 829	88 371	110 328	49 035	283 563	11	32 500	87 217	113 107	42 009	275 733	25 178	25 066
	3,708	26 551 038	32 449 099	37 210 614	36 054 154	132 277 905	3 307	20 594 582	25 444 795	33 042 598	27 879 521	106 967 496	35 673	32 345

Chemins de fer français, page 148.

www.ingramcontent.com/pod-product-compliance
Lightning Source LLC
Chambersburg PA
CBHW052055090426
42739CB00010B/2182